LED-ZEPPELIN

Zoso Fotografias

Neal Preston

LED-ZEPPELIN
Fotografias

Tradução:
Teodoro Lorent

Publicado originalmente em inglês sob o título *Led Zeppelin – Photographs by Neal Preston*, por Omnibus Press.
© 2009, Omnibus Press.
Direitos de edição e tradução para todos os países de língua portuguesa.
Tradução autorizada do inglês.
© 2010, Madras Editora Ltda.

Editor:
Wagner Veneziani Costa

Produção e Capa:
Equipe Técnica Madras

Tradução:
Teodoro Lorent

Revisão:
Arlete Genari

Dados Internacionais de Catalogação na Publicação (CIP)
(Câmara Brasileira do Livro, SP, Brasil)

Preston, Neal
Led Zeppelin: fotografias/Neal Preston; tradução Teodoro Lorent. – São Paulo: Madras, 2010.
Título original: Led Zeppelin: potographs

ISBN 978-85-370-0646-7

1. Led Zeppelin (Grupo musical) 2. Músicos de
rock – Inglaterra – Biografia 3. Músicos de rock – Inglaterra – Fotografia I. Título.

10-12665   CDD-782.42166092

Índices para catálogo sistemático:
1. Inglaterra: Músicos de rock: Biografia
782.42166092

É proibida a reprodução total ou parcial desta obra, de qualquer forma ou por qualquer meio eletrônico, mecânico, inclusive por meio de processos xerográficos, incluindo ainda o uso da internet, sem a permissão expressa da Madras Editora, na pessoa de seu editor (Lei nº 9.610, de 19.2.98).

Todos os direitos desta edição, em língua portuguesa, reservados pela

MADRAS EDITORA LTDA.
Rua Paulo Gonçalves, 88 – Santana
CEP: 02403-020 – São Paulo/SP
Caixa Postal: 12183 — CEP: 02013-970
Tel.: (11) 2281-5555– Fax: (11) 2959-3090
www.madras.com.br

Estádio Pontiac Silverdome
30 de abril de 1977

UMA ENTREVISTA COM NEAL PRESTON

Neal Preston foi o fotógrafo escolhido pelo Led Zeppelin no início dos anos 1970, e convidado pelo grupo para acompanhá-lo em sua turnê pelos Estados Unidos. Nenhum outro fotógrafo conseguiu total acesso para captar com tamanho êxito o romance e o misticismo dessa legendária banda. Suas fotos de Jimmy Page, Robert Plant, John Paul Jones e John Bonham são consideradas as melhores pelos fãs ao redor do mundo e pelo próprio grupo.

No verão de 2008, Neal se encontrou com a DJ californiana, Cynthia Fox, para falar sobre o seu trabalho com a banda.

CYNTHIA: O que você sabia sobre o Led Zeppelin e a sua música antes de se tornar o fotógrafo deles?

NEAL: Bem, eu já conhecia muito o trabalho deles e suas músicas. Era um grande fã desde que saiu a primeira gravação. A primeira vez que eu os vi e os fotografei foi no Madison Square Garden, em Nova York, em 1970. Eu também fui à coletiva de imprensa no Drake Hotel quando eles foram considerados melhores que os Beatles.

CYNTHIA: Precisamos voltar até o início, bem no princípio.

NEAL: Bem, eu comecei a fotografar quando tinha acabado de completar 17 anos. Eu e mais dois amigos costumávamos levar nossas câmeras nos concertos de rock da região e tirávamos fotos no meio da plateia.

CYNTHIA: Apenas por pura diversão?

NEAL: É, era o nosso hobby. A fotografia era um grande hobby para mim, e já havia tentado outros tipos de hobby sob o sol. Mas, a fotografia era diferente. E levar uma câmera comigo para um show de rock era tão natural para mim como o ar que eu respiro. Até que em um determinado momento conhecemos dois *promoters* que produziam uma série de concertos na região e pensamos... puxa, e se a gente entregasse para eles umas cópias do material que a gente tinha fotografado dos seus concertos, quem sabe eles deixam a gente entrar de graça.

Foi exatamente o que aconteceu, e o resto, como dizem, é história...

Riverfront Coliseum, Cincinnate
19 de abril de 1977

Estádio Pontiac Silverdome
30 de abril de 1977

Greensboro Coliseum, Carolina do Norte
29 de janeiro de 1975

CYNTHIA: Quais foram os shows que você assistiu?

NEAL: Quase todos em Nova York naquela época, incluindo Fillmore East. Era uma loucura. Eu ia às aulas durante o dia, e à noite ia fotografar Jefferson Airplane, Ten Years After, os Allmans, você sabe, quase todos eles. MC5, Janis Joplin, é uma lista enorme.

CYNTHIA: Então, quando você diz que estava fotografando esses shows, na realidade você quer dizer que tinha acesso livre? Ou seja, mais próximo do palco do que outras pessoas?

NEAL: Sim. Quando entramos em contato com esses *promoters* começamos a ter passes livres de fotógrafo e, como qualquer tipo de permissão para fotografar em qualquer parte do mundo, a gente caminhava até lá na frente e começava a tirar fotos do show.

CYNTHIA: Como é que você conseguiu dar o salto para fazer disso uma profissão?

NEAL: Imaginamos que com o que tínhamos em mãos dava para transformar em um negócio... montamos uma pequena empresa chamada KLN Photos, baseada nos nossos nomes Kevin, Louie e Neal. Eu ainda cursava o secundário e no meu último ano eu costumava ir à escola de manhã e, em seguida, à tarde eu pegava o metrô até Manhattan para tentar vender fotos para as revistas.

CYNTHIA: Isso é totalmente empresarial. A maioria dos jovens ainda na escola não tem esse tipo de ambição. Como você se encontrava com as pessoas... você mostrava o seu trabalho?

NEAL: Eu me encontrava com as pessoas nos bastidores de todos os concertos, muitos críticos de rock e pessoas que trabalhavam para as revistas voltadas ao rock 'n' roll. Havia a revista *Rock*, em que eu conhecia o cara que a havia lançado; eu me lembro também de *Crawdaddy*. Tinha a *Circus*, que no início se chamava *Hullabaloo*. Eu costumava trabalhar para eles quando ainda se chamava *Hullabaloo*.

**Chicago Stadium
6 de abril de 1977**

Madison Square Garden, Cidade de Nova York
21 de fevereiro de 1975

Market Square Arena, Indianapolis
25 de janeiro de 1975

CYNTHIA: Havia outros fotógrafos ao redor? Quero dizer, tenho certeza que haviam e que deviam ser mais velhos...

NEAL: Era como o Faroeste, você me entende? Era como um campo florescendo e, no referente à fotografia... havia algumas pessoas como Bob Gruen e duas outras. Havia algumas pessoas que gravitavam sobre tudo aquilo, como eu fazia, e descobrimos que havia pessoas fotografando em várias cidades e isso acontecia sem nenhum tipo de planejamento ou previsão. Ocorria totalmente de forma orgânica.

CYNTHIA: Aquele concerto do Led Zeppelin no Garden foi o primeiro que você viu? Você nunca tinha visto eles pessoalmente e agora se encontrava diante deles no Madison Square Garden?

NEAL: Bem, sim, embora tecnicamente a primeira vez que eu vi os membros do Led Zeppelin no palco foi durante um show famoso do Jeff Beck. Beck fez a abertura para o Vanilla Fudge em 1969, no Singer Bowl no Queens. Eu nasci em Forest Hills. Eu me lembro que Robert Plant e Jimmy Page subiram no palco, junto com Bonzo, que eu acho que tinha ficado tão bêbado a ponto de ser carregado para fora e acabei tirando algumas fotos, não tão boas, do Rod Stewart e do Robert Plant juntos no palco. Então essa foi a primeira vez que eu vi ao vivo alguns dos membros, mas eu sabia quem eles eram.

CYNTHIA: Você os reconheceu de cara?

NEAL: Claro. Aquele era um momento muito importante para um garoto de 17 anos em 1969. O primeiro álbum do Led Zeppelin, pelo menos onde eu cresci, era algo monumental. Aliás, era o Led Zeppelin, era a canção *Truth* de Jeff Beck, Jimmy Hendrix, The Doors, eles eram os grandes nomes onde eu cresci. Então é claro que eu sabia quem eles eram. E quando os anos 1970 começaram a rolar, eu não me lembro como tinha conseguido o passe de fotógrafo para entrar no Garden...

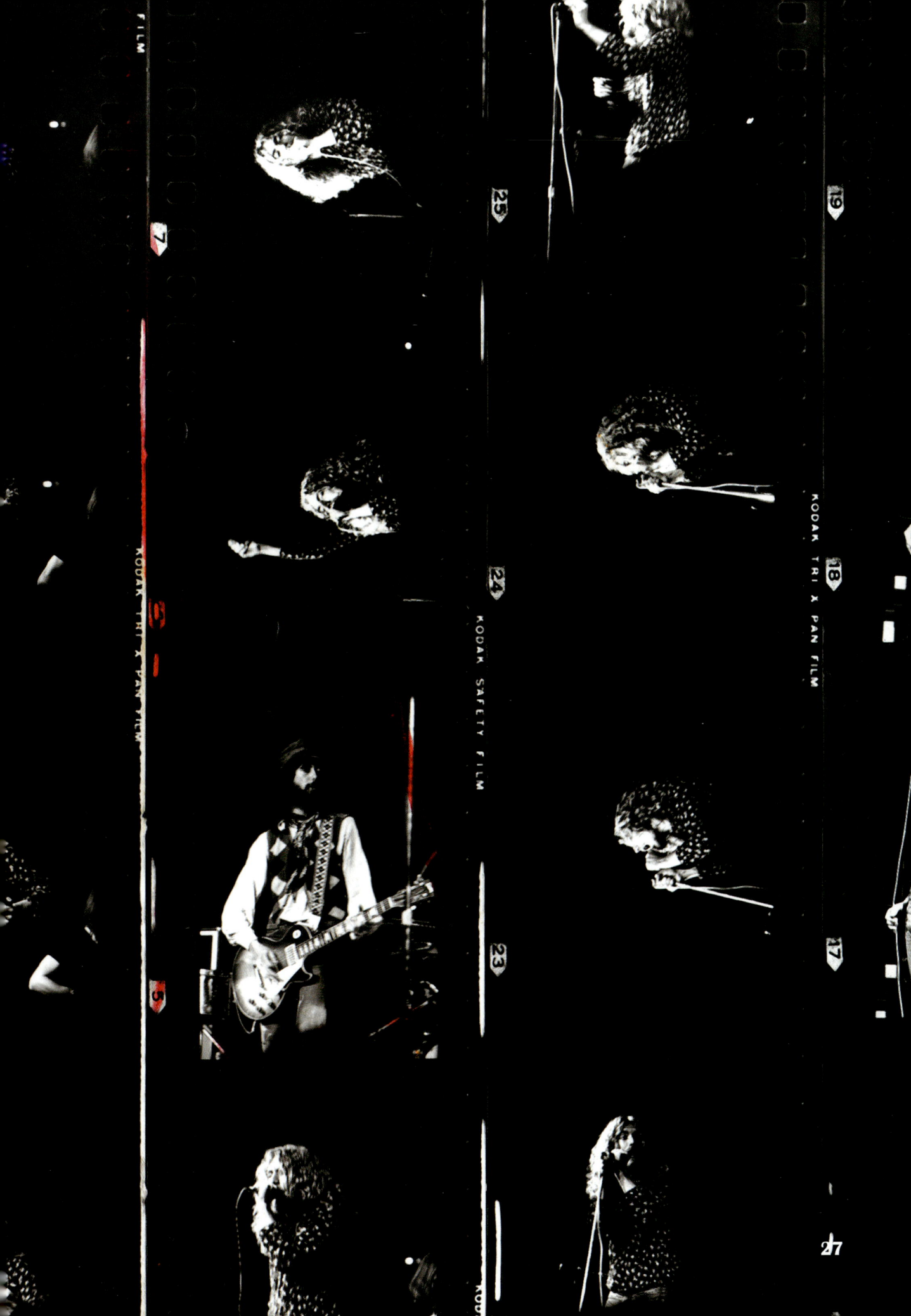

Madison Square Garden, Cidade de Nova York
19 de setembro de 1970

Madison Square Garden, Cidade de Nova York
19 de setembro de 1970

Coletiva de Imprensa, Drake Hotel, Cidade de Nova York
18 de setembro de 1970

The Forum, Los Angeles
31 de maio de 1973

CYNTHIA: Havia muitos fotógrafos competindo com você nesse show em particular ou já era parte do seu território?

NEAL: Eu não me lembro. Tenho certeza que havia um punhado, mas como disse antes era tudo novidade... Era um Faroeste, e você entrava no show do jeito que dava para entrar. Nós íamos e tirávamos fotos de tudo o que víamos pela frente.

CYNTHIA: Então, depois de fazer isso, você foi direto até o empresário do Led Zeppelin e disse: "Olha aqui estas fotos maravilhosas?" Como foi que você deixou de ser um simples fotógrafo de revistas de rock para se tornar o fotógrafo oficial do Led Zeppelin?

NEAL: Bem, eu havia me mudado para Los Angeles em 1971, um ano depois de me formar no secundário e imediatamente acabei entrando de cabeça no cenário da indústria fonográfica da Costa Oeste, por assim dizer... Eu odeio essa palavra, mas as coisas eram assim, um cenário. Eu uni forças com um fotógrafo chamado Andy Kent, que trabalhava principalmente para o *LA Free Press* como fotógrafo de equipe. Ele estava fazendo em LA o que eu fazia em Nova York, que era fotografar os shows de rock. Montamos um portfólio juntos, apresentamos para todas as empresas fonográficas e, pouco a pouco, começamos a trabalhar para eles. Entre eles estava a Atlantic Records, o selo do Led Zeppelin. E foi assim, por meio da Atlantic Records, em 1973, que fiz alguns trabalhos na turnê do Led Zeppelin para a empresa fonográfica.

CYNTHIA: Você foi incumbido de ir a todas as datas da turnê e fotografar todos os concertos ao vivo?

NEAL: Bem, nem todos. Apenas alguns. Eu fui incumbido de ir a San Francisco, LA, Long Beach, San Diego, e mais um outro concerto em 1973, basicamente na Costa Oeste. A Atlantic Records permitiu que eu desse umas fotos para o *LA Times* para a matéria do Cameron Crowe do *LA Times* sobre o Jimmy. Uma das coisas mais importantes que aconteceu foi quando eu estava tirando uma foto de Jimmy no final do concerto em San Diego onde, um pouco antes do bis, antes de saírem do palco pela primeira vez, ele estava segurando sua mão desse jeito, e parecia que estava sorrindo e fazendo careta ao mesmo tempo. Eu não havia percebido na hora, mas aparentemente ele havia machucado a mão de forma grave uma semana antes da apresentação e estava sentindo muita dor. Eu acho que Jimmy viu a foto quando ela saiu no *LA Times*. Eu me lembro de ele me contando naquela época que quando viu o jornal, a foto o lembrou o quanto seu dedo doía. Eu também me lembro que a sua linguagem era bem mais variada na época!

37

Chicago Stadium
21 de janeiro de 1975

CYNTHIA: Isso foi em 1973. Ok. Mas, e quanto a 1971 ou 1972? Você conseguiu fotografá-los naquela época?

NEAL: Sim, mas não para eles, um pouco para a Atlantic. Apenas algumas fotos dos concertos.

CYNTHIA: Quando você estava em uma missão como essa, e fotografando o concerto para a Atlantic, essa era uma ocasião em que você ia e se encontrava com a banda? Ou lhe permitiam ficar em apenas uma área sem contato algum com a banda?

NEAL: Bem, o acesso foi lentamente se abrindo, mas de forma muito lenta. Em 1974, a banda montou o próprio selo chamado Swan Song, que era distribuído pela Atlantic. Houve uma grande festa no Bel Air Hotel, e eu e o Andy fomos incumbidos de fotografar a festa para a Atlantic/Swan Song. Ou seja, todos esses eventos me ajudaram a me aproximar deles. Eles costumavam me ver ao redor e isso tudo tem a ver com o Peter Grant [o empresário]. O Peter gostava de mim, das minhas fotos e confiava em mim. Ele mantinha as chaves do reino escondidas. Então, em 1974, eles não estavam mais em turnê, mas eu estava fazendo alguns trabalhos para a Swan Song junto com o trabalho dos concertos e, em seguida, no outono de 1974, Danny Goldberg se tornou o agente publicitário deles. Danny era um grande amigo meu da época que eu morava em Nova York, e ele costumava escrever para a *Hullabaloo*, e foi assim que eu o havia conhecido pela primeira vez. Tive de trabalhar com Danny na festa da Swan Song e acabei ligando para ele no final de 1974 e disse: "Quer saber de uma coisa? Eu adoraria trabalhar para vocês, para a banda, se pensarem em levar alguém junto na estrada, considerem o meu chapéu que atiro no palco". E, literalmente, um mês depois ele me ligou e disse: "Você gostaria de trabalhar para o Led Zeppelin?" Danny era "o cara", com o aval de Peter, é claro. Danny fez com que isso acontecesse oficialmente.

CYNTHIA: E o universo inteiro se abriu para você!

NEAL: Você sabe, se você pensar como era a indústria fotográfica na época, como fotógrafo não havia algo maior do que "conquistar" o espaço que isso. Eu me lembro de outro fotógrafo de Los Angeles na época que não estava muito feliz comigo por ter conseguido o trabalho para acompanhar a turnê de Elton John. Elton estava com uma turnê monumental e eu teria feito qualquer coisa por aquilo... mas ligar para alguém e dizer "Ó, acabei de ser contratado como o fotógrafo do Led Zeppelin na turnê americana"... rapaz, isso chamava a atenção de todo mundo. Eu não tinha noção na época do impacto que isso representava. Quero dizer, sim, eu sabia que era muito importante, mas eu tinha apenas 21 ou 22 anos de idade. Mal sabia diferenciar minha bunda do meu cotovelo, embora tecnicamente já estivesse trabalhando no ramo há três ou quatro anos na época.

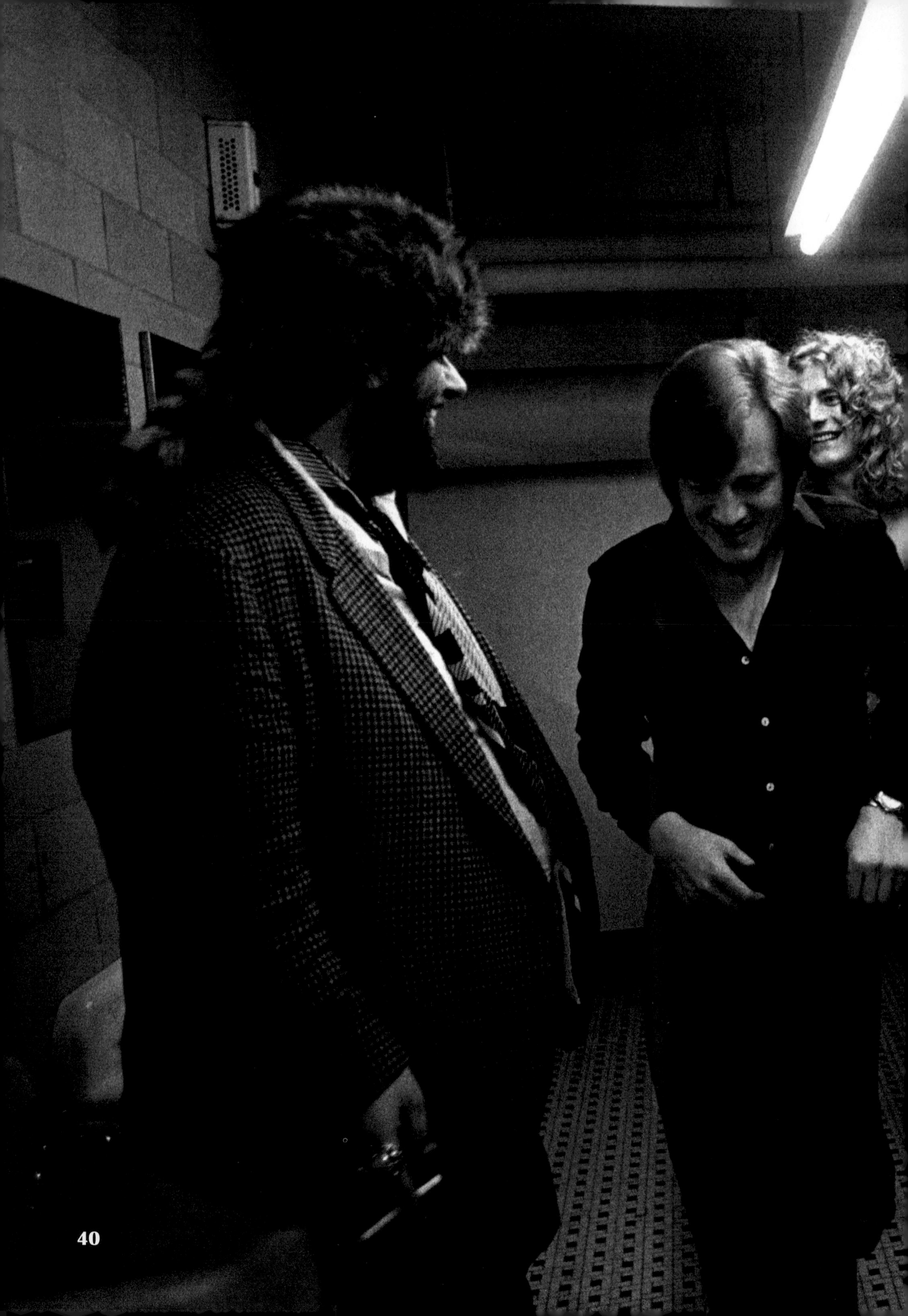

41

Peter Grant e John Bonham, Market Square Garden, Indianapolis
25 de janeiro de 1975

43

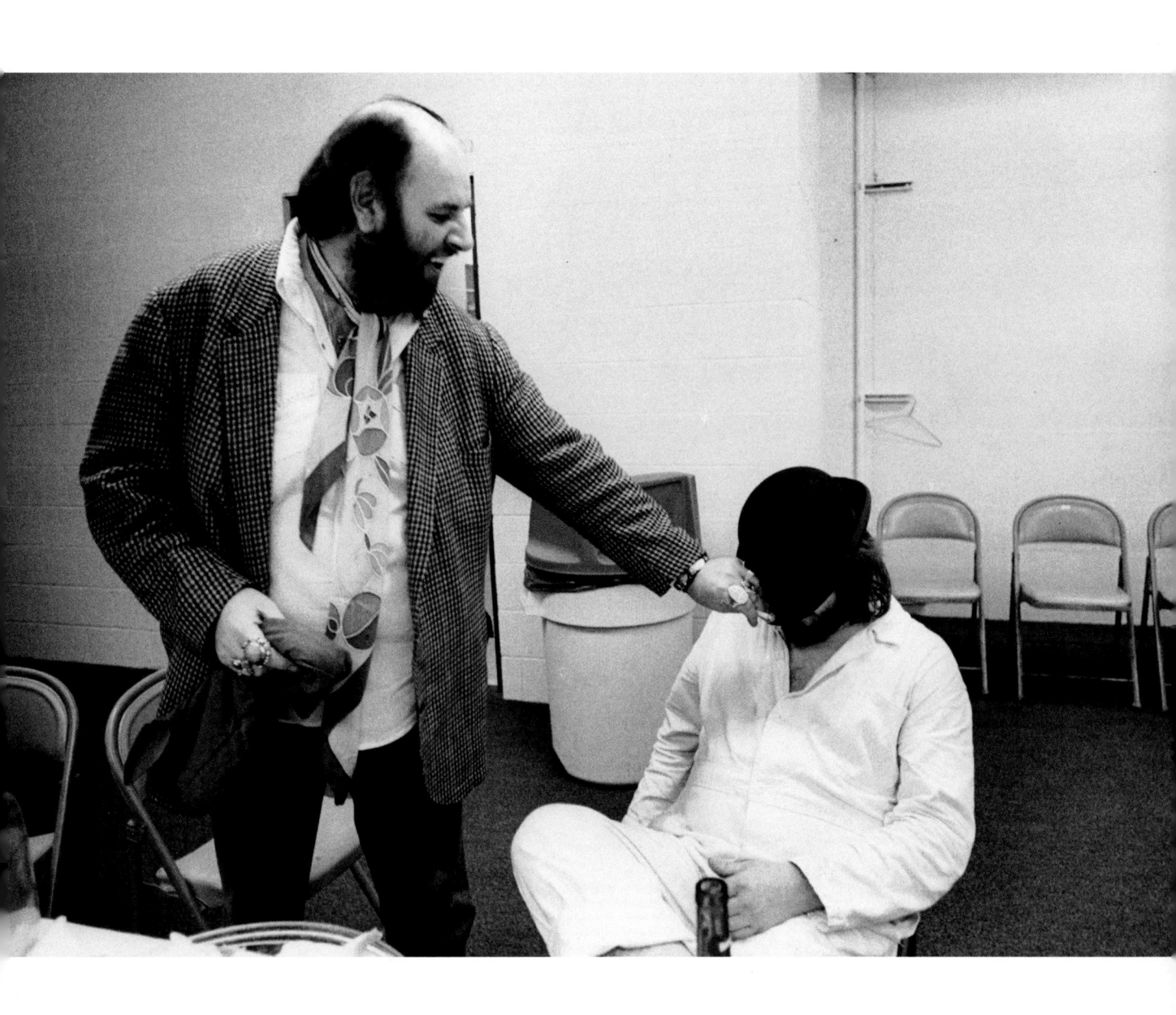

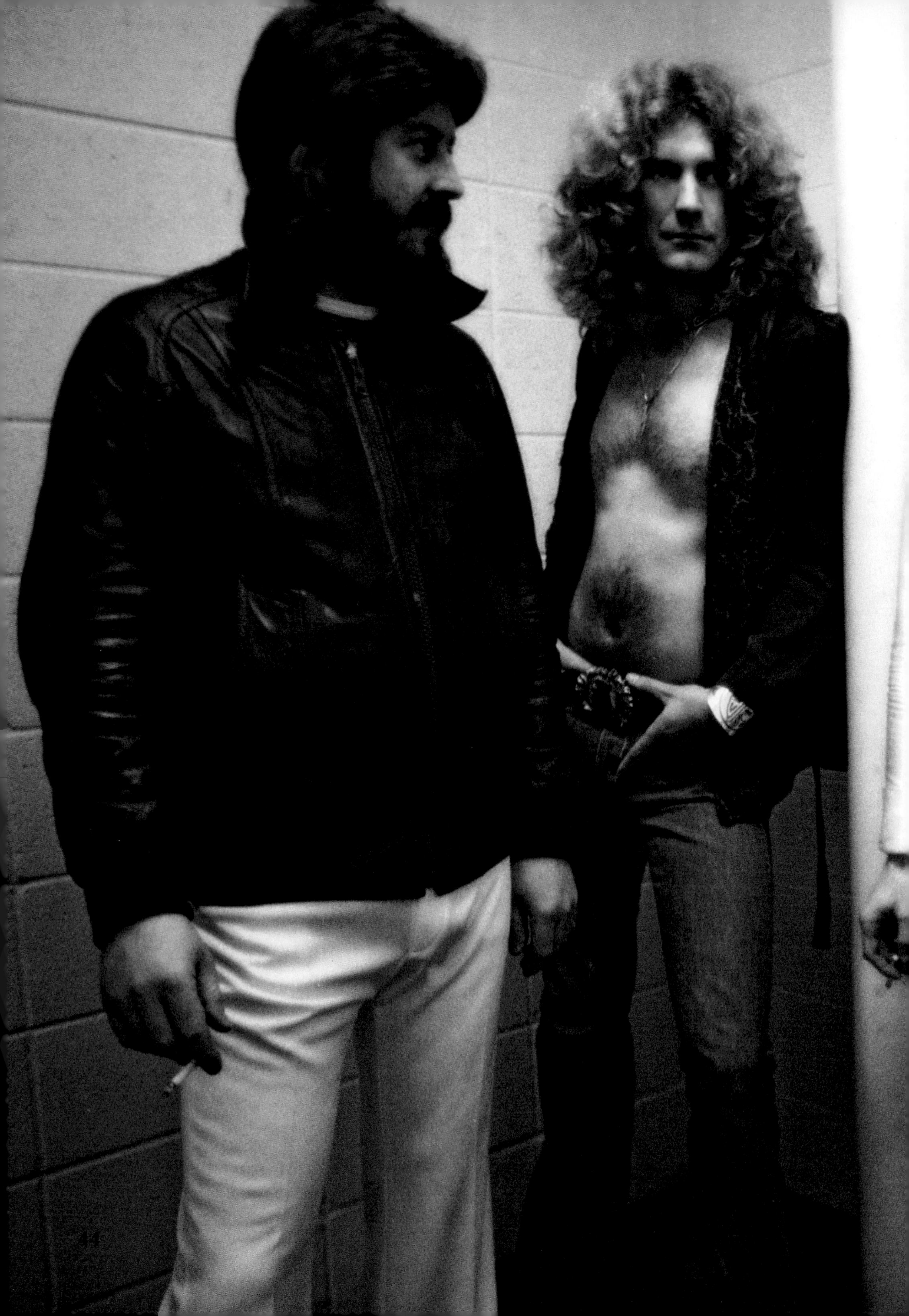

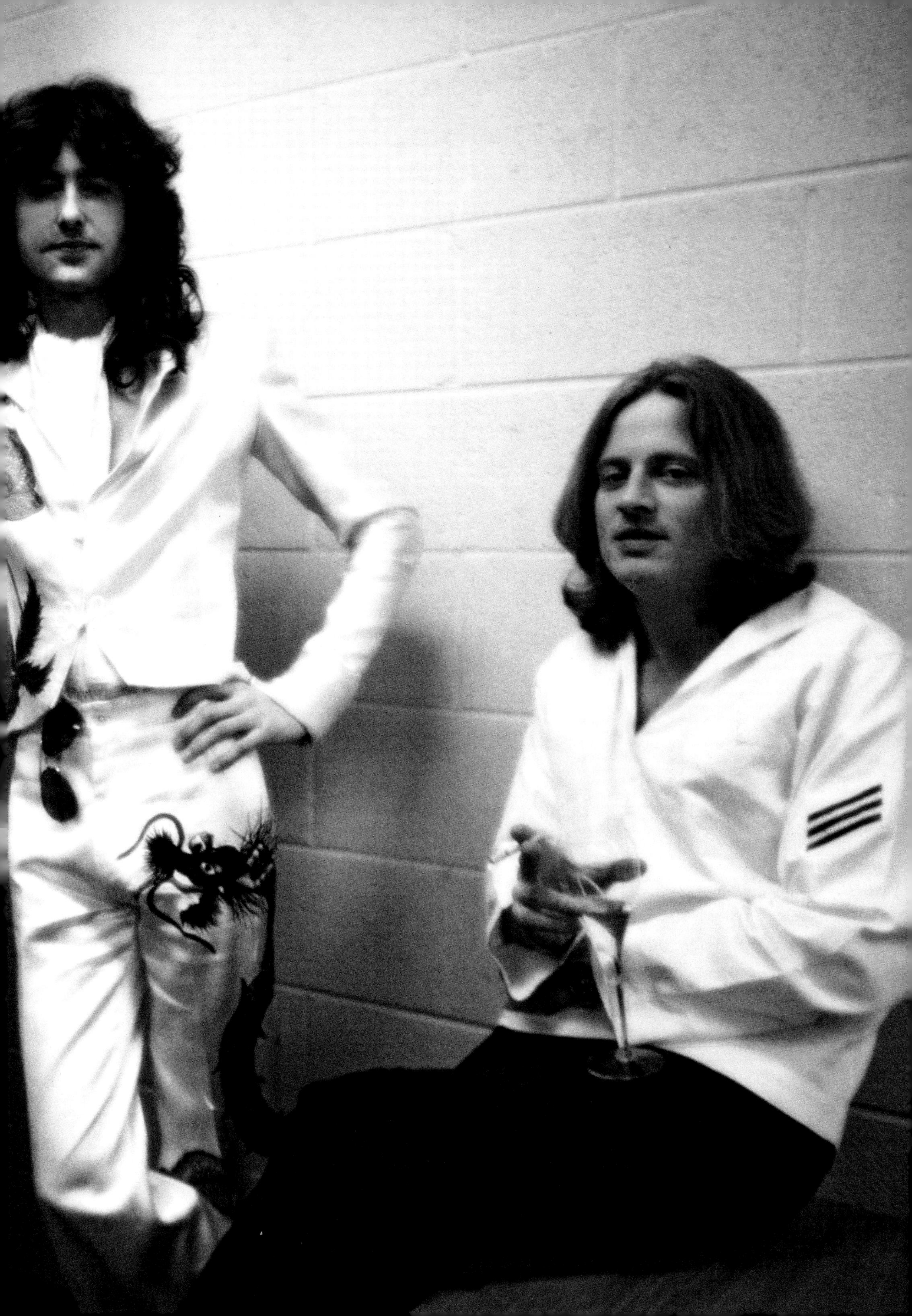

Aguardando para entrar no palco e dar início à turnê americana, Memorial Auditorium, Dallas
1º de abril de 1977

47

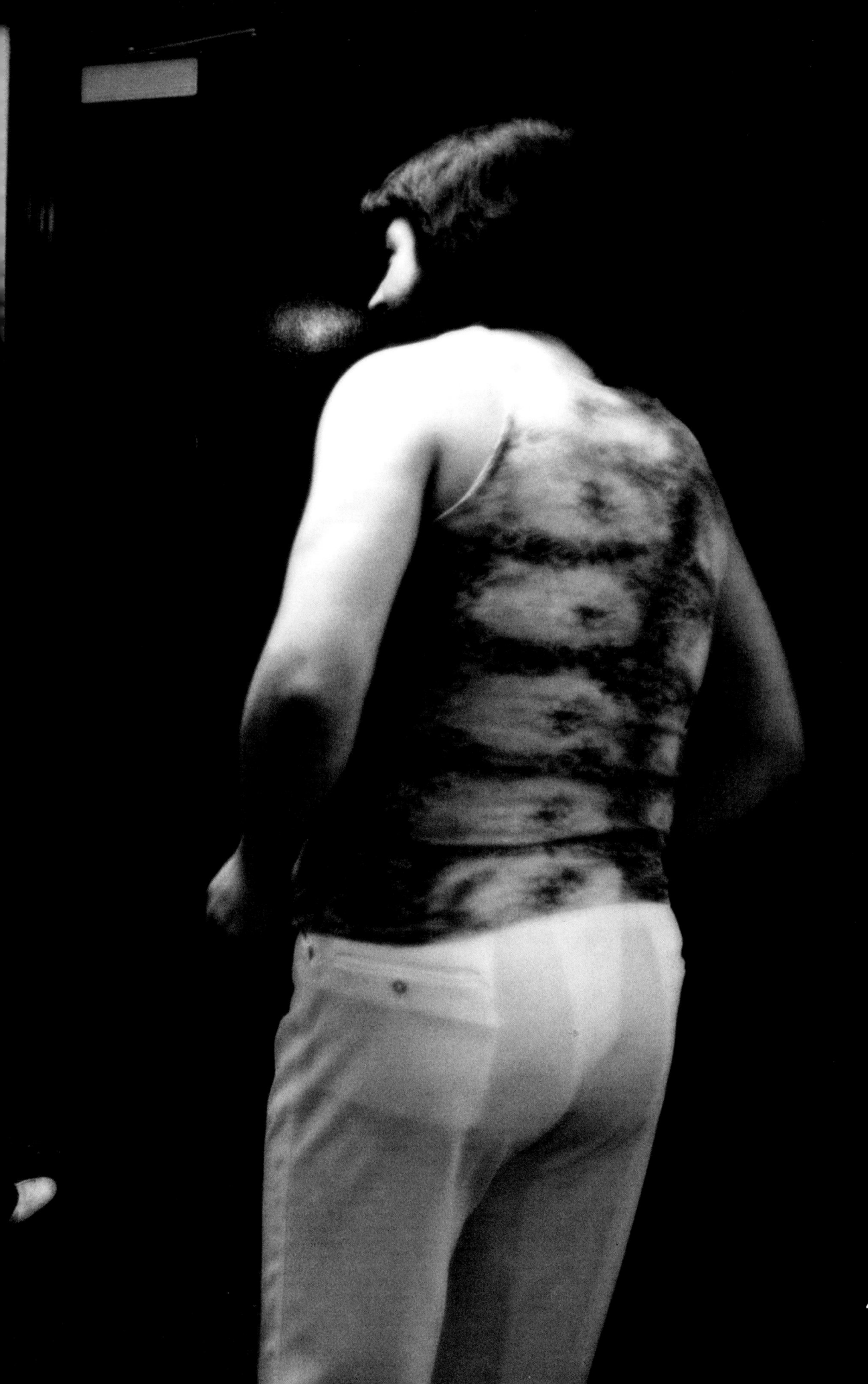

CYNTHIA: Agora estamos no ponto da história em que você se torna o fotógrafo oficial da turnê do Led Zeppelin. Quando você foi oficialmente apresentado a cada membro da banda... houve algum tipo de reunião? Você se lembra do primeiro momento que você se encontrou com o Jimmy Page em sua nova função oficial?

NEAL: Bem, a primeira vez que eu me encontrei com ele foi quando peguei o voo de LA para Chicago, onde começaria a turnê. Recebi uma chamada no meu *pager* no aeroporto de O'Hare. Uma garota da Swan Song havia me deixado uma mensagem, tentando me localizar, ela sabia que meu voo tinha acabado de aterrissar e me disse para pegar outro voo para Minneapolis. Havia uma passagem aérea me aguardando. Pegue sua bagagem e vá direto para o outro voo porque a banda está ensaiando agora e você deve vir para cá e eles já estão tocando. Imagino que eles tinham acrescentado um show em Minneapolis. Então, ali estava eu em O´Hare e de repente tendo de mudar de planos e voar para Minneapolis. Caminhei pelo ginásio de hóquei, ou seja lá o que era, e lá estavam eles ensaiando no palco. E foi onde eu comecei a fotografar...

CYNTHIA:... essas fotos do ensaio. Você entrou e já foi fotografando?

NEAL: Claro. Claro. Bem, eu não era tímido. Já entrei tirando fotos e me lembro que eles estavam tocando 'Custard Pie'. Eles também tocaram 'The Wanton Song'. Não me pergunte como me lembro disso.

CYNTHIA: Ok. Agora você era o fotógrafo oficial da turnê... significava que você já tinha total acesso naquele momento, ensaios, etc? Você tinha carta branca assim que chegou?

NEAL: Bem, era um território desconhecido, mas se tratava do Led Zeppelin e, é claro, eu iria pisar com cautela. Eu teria de ser discreto o tempo todo. Mas, esse era o caso quando se tratava de grandes bandas de rock e sendo fotógrafo. Seja como uma mosca na parede, não se meta no caminho, use bem a cabeça. Não tente ser o centro das atenções. Use a cabeça em termos daquilo que você vê, o que fotografa e o que você conhece.

Ensaio final para a turnê americana de 1975 - Metropolitan Sports Center, Minneapolis
17 de janeiro de 1975

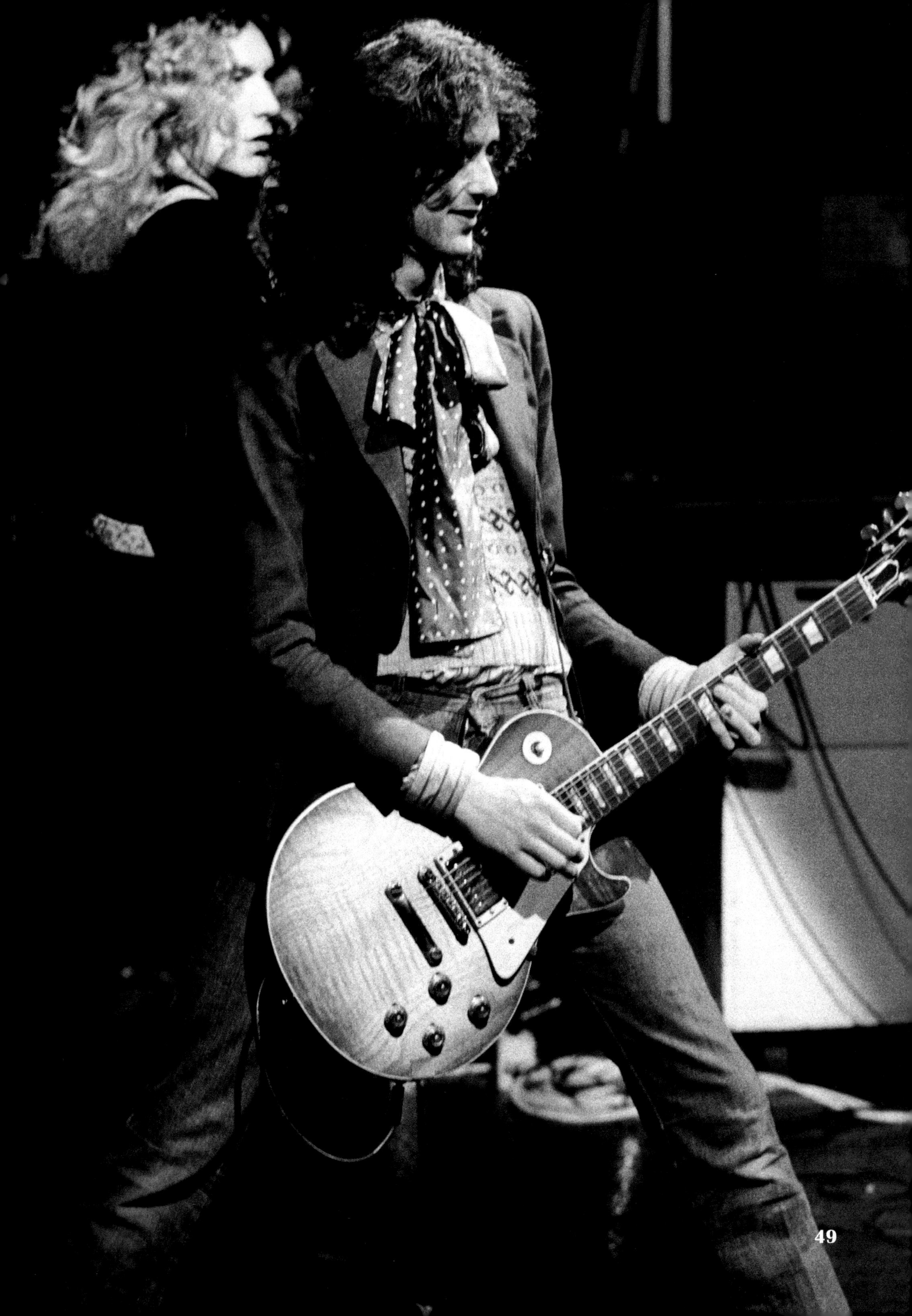

Ensaio final para a turnê americana de 1975 –
Metropolitan Sports Center, Minneapolis
17 de janeiro de 1975

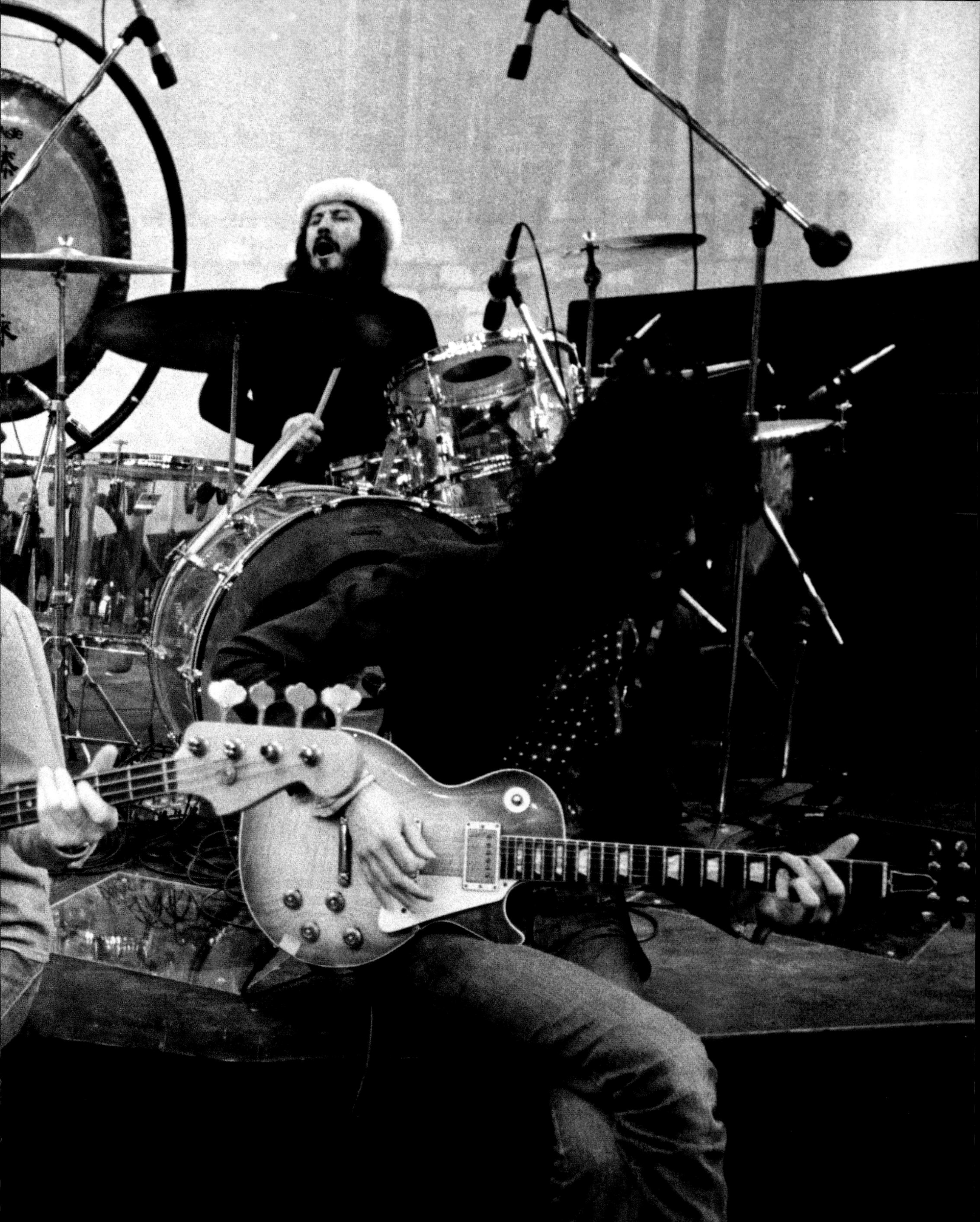

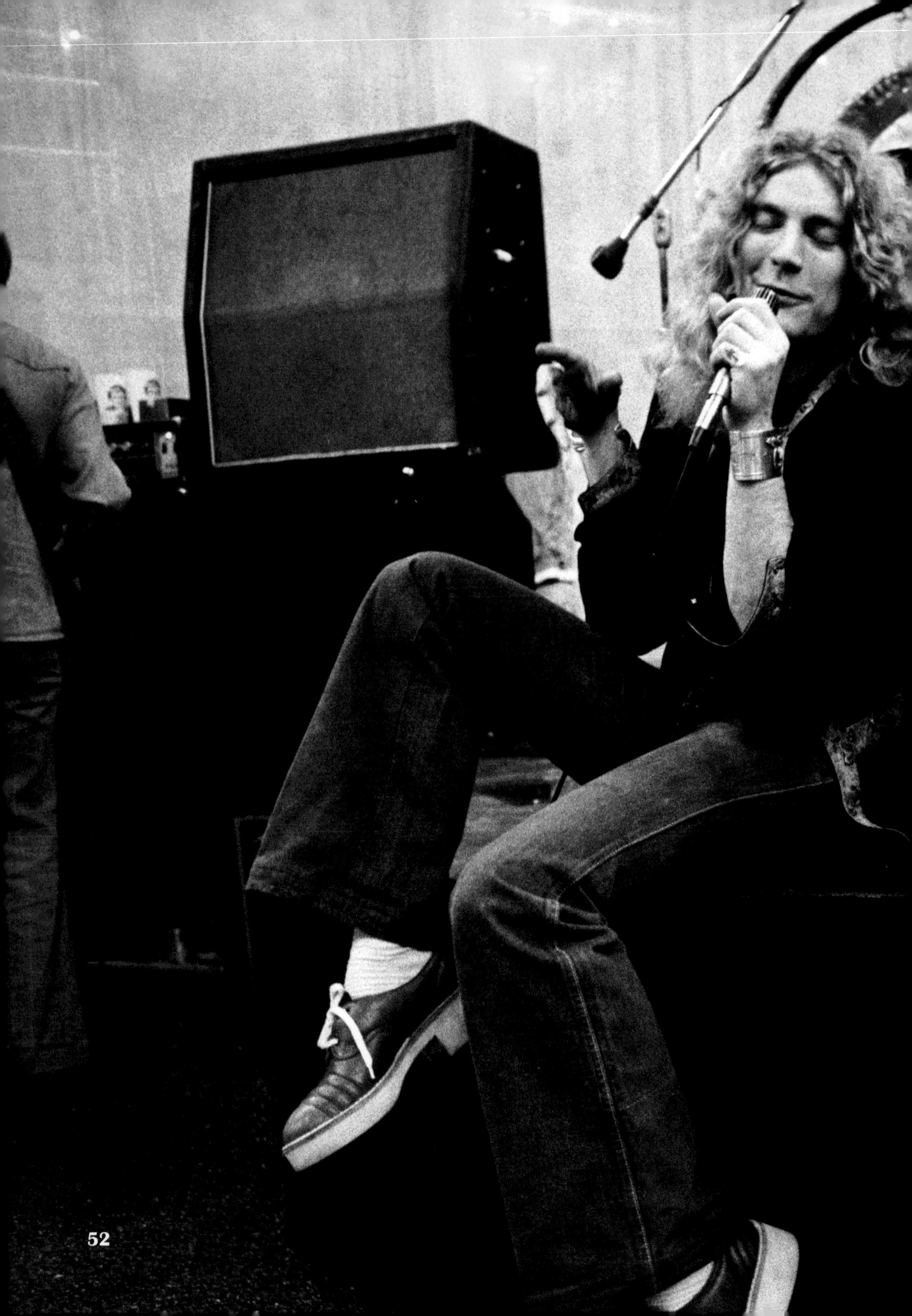

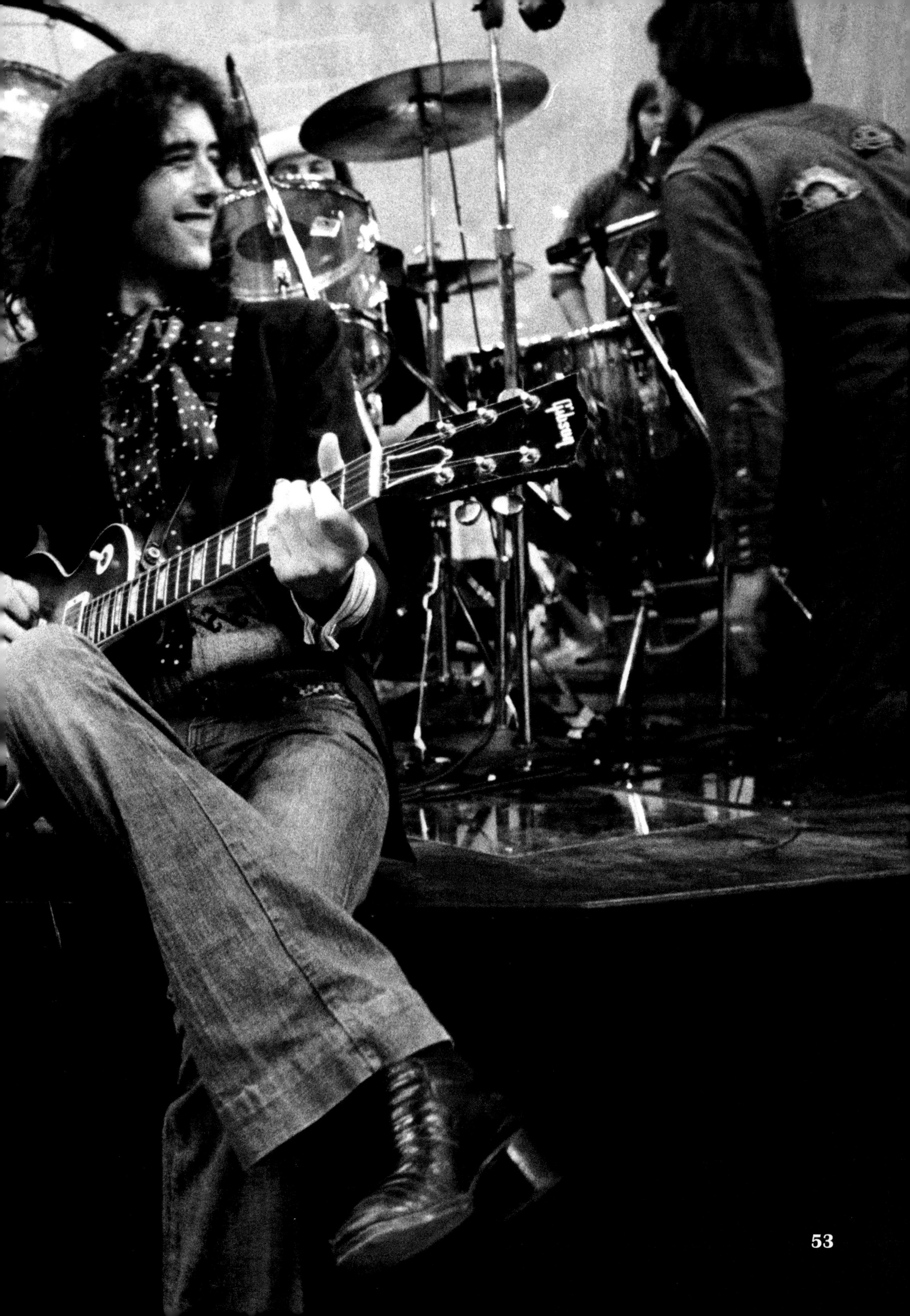
Gibson

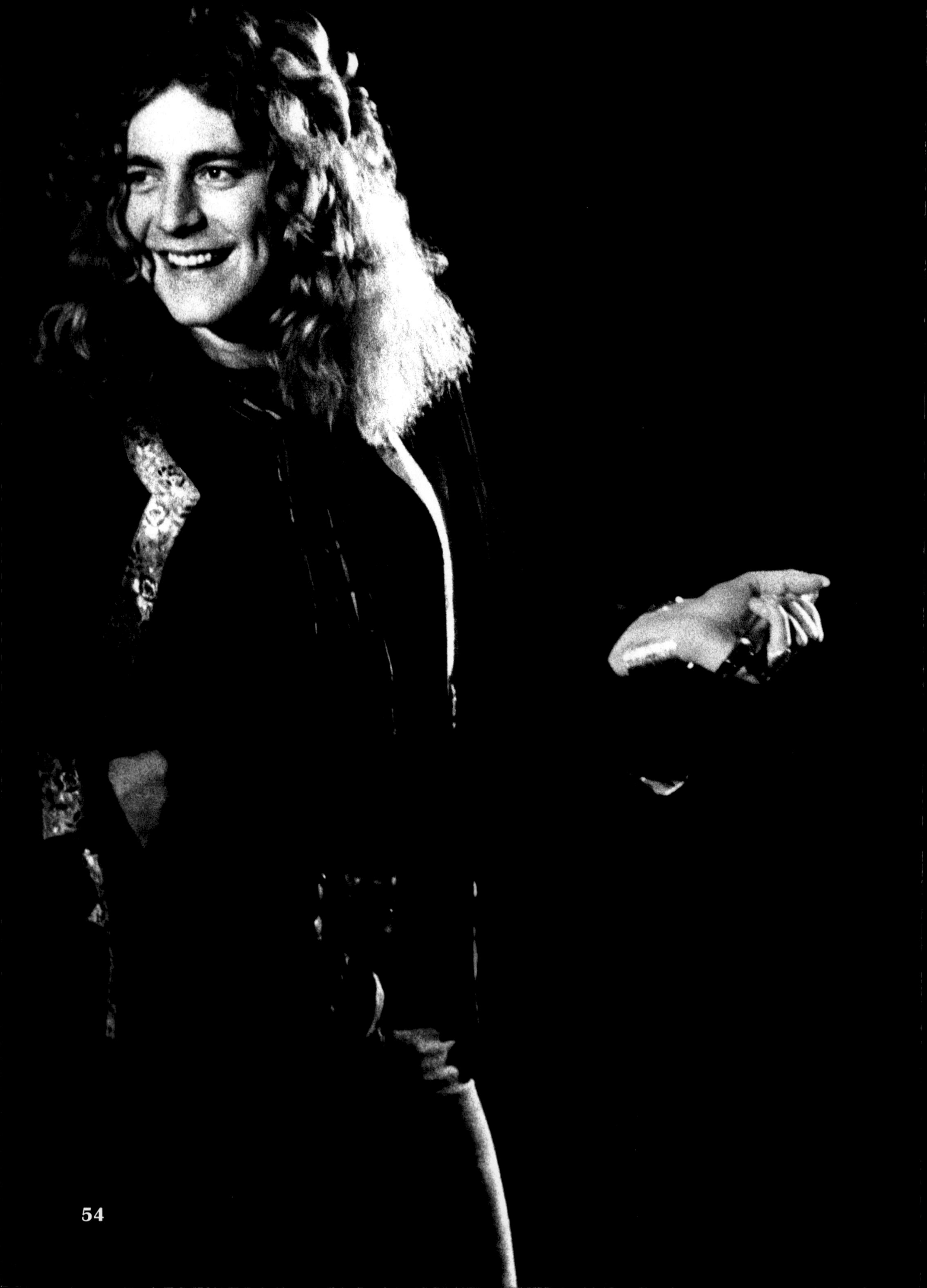

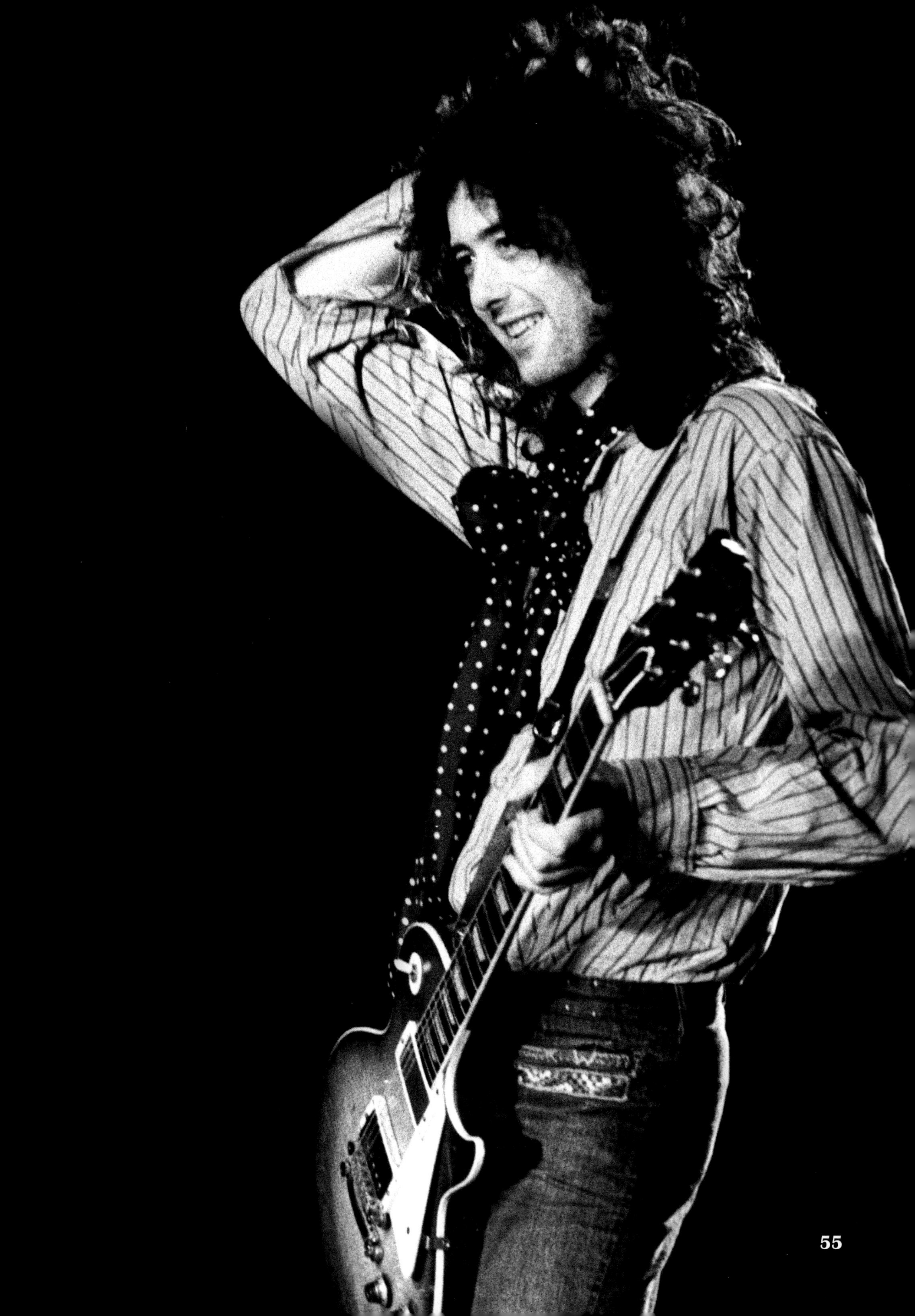

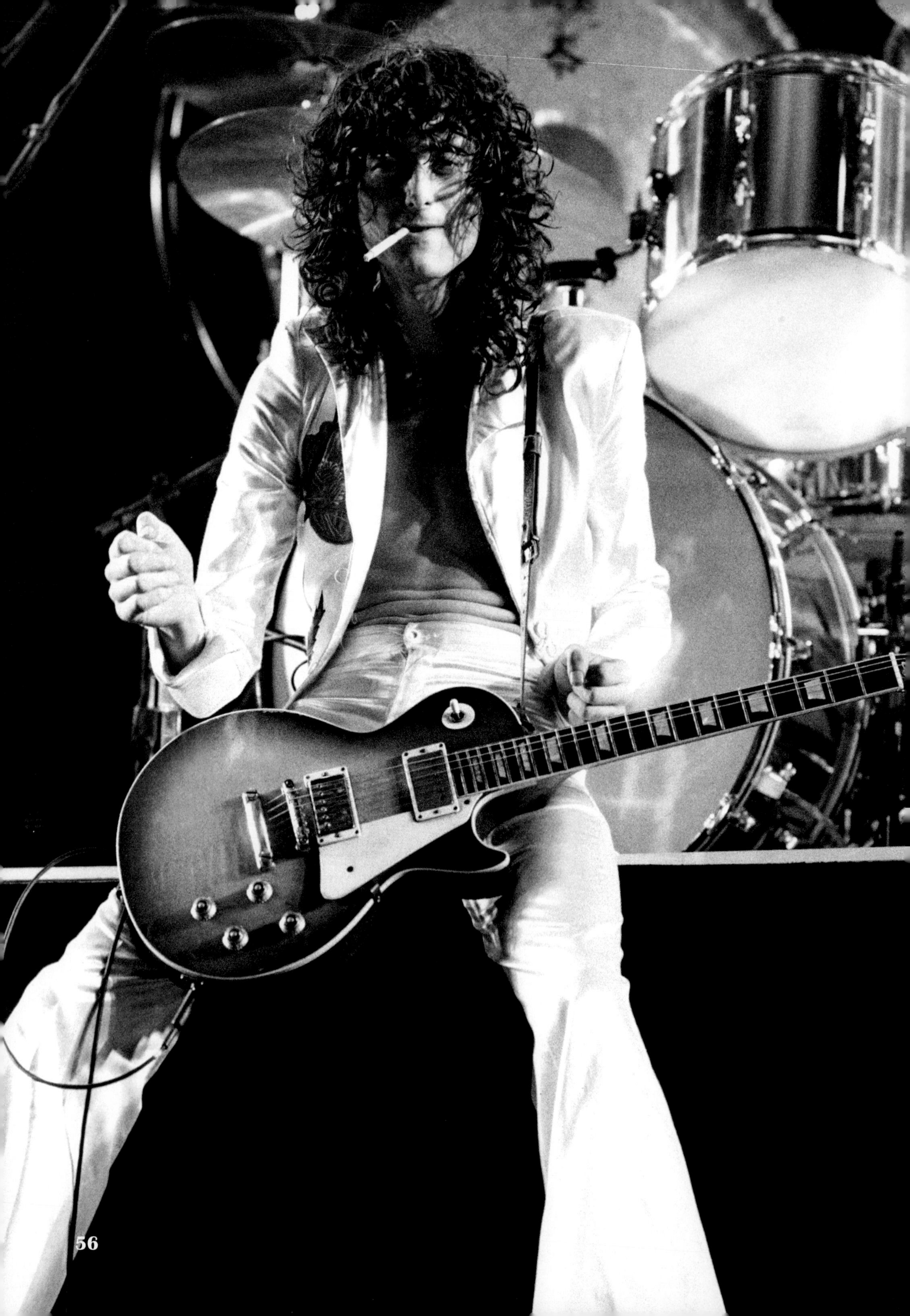

CYNTHIA: Você captou aqui momentos incríveis. E quando você entra fotografando, você clica rolos e rolos de filme ou é muito seletivo nas partes que quer captar?

NEAL: Essa é uma boa pergunta. Sem conhecê-los bem, eu não poderia sujeitá-los a um ataque invasivo de filmes Kodak e câmeras Nikon. Então, você tem que, como qualquer outro trabalho que você está começando ou como qualquer outro tipo de trabalho fotográfico que se faz, tudo tem a ver com ser invisível, no modo de falar, você dá dois passos para a frente e clica, talvez outros dois passos de leve para a frente para ver como as pessoas reagem. Você começa a ter uma noção de quem está ciente que você está ali, quem não está ciente que você está ali, quem não se importa se você está ali e assim por diante. Os membros do Led Zeppelin têm seus espaços pessoais ao redor deles, como qualquer outra pessoa, e esses espaços devem ser respeitados. Um dos pontos mais importantes para se fazer bem esse trabalho é como você mantém a postura. Não posso lhe dizer nada mais, além disso. Uma parte é o que o fotógrafo faz, outra tem a ver com o seu trabalho e uma grande parte em tudo isso.

CYNTHIA: E enquanto você ia caminhando até o ensaio e clicando, você sentiu que eles continuavam tocando normalmente, eles não se sentiram do tipo "Ei, temos um estranho aqui no nosso meio".

NEAL: Eles sabiam que eu estava chegando.

CYNTHIA: Mas, você não os viu diminuir o ritmo, parar ou ficarem inibidos...

NEAL: Não. Não.

CYNTHIA: Eles estavam simplesmente confortáveis.

NEAL: Sim. Eles já tinham tirado fotos uma ou duas vezes antes! Não fiz o tipo de chegar no lugar, correr para cima do palco e sair fotografando. Quero dizer, eu tive de ser apresentado à equipe, aos seguranças e ao pessoal da administração, você entende.

CYNTHIA: O que eles tocaram no ensaio... eram algumas canções que simplesmente tocavam por diversão ou era a passagem do show completo?

NEAL: Não tenho referência alguma e foi o único ensaio que eu realmente vi além de umas duas passagens de som. Não sabia se eles iriam tocar no palco aquilo que estavam tocando no ensaio ou separando algumas coisas para o espetáculo, ou se estavam tentando ver como uma música soava, ou mesmo se estavam decidindo o que seria incluído ou não na lista do show, não tinha a menor ideia. Eu tirava fotos e assistia.

The Myriad, Cidade de Oklahoma
3 de abril de 1977

Ensaio final para a turnê americana de 1975 –
Metropolitan Sports Center, Minneapolis
17 de janeiro de 1975

Kezar Stadium, São Francisco
2 de junho de 1973

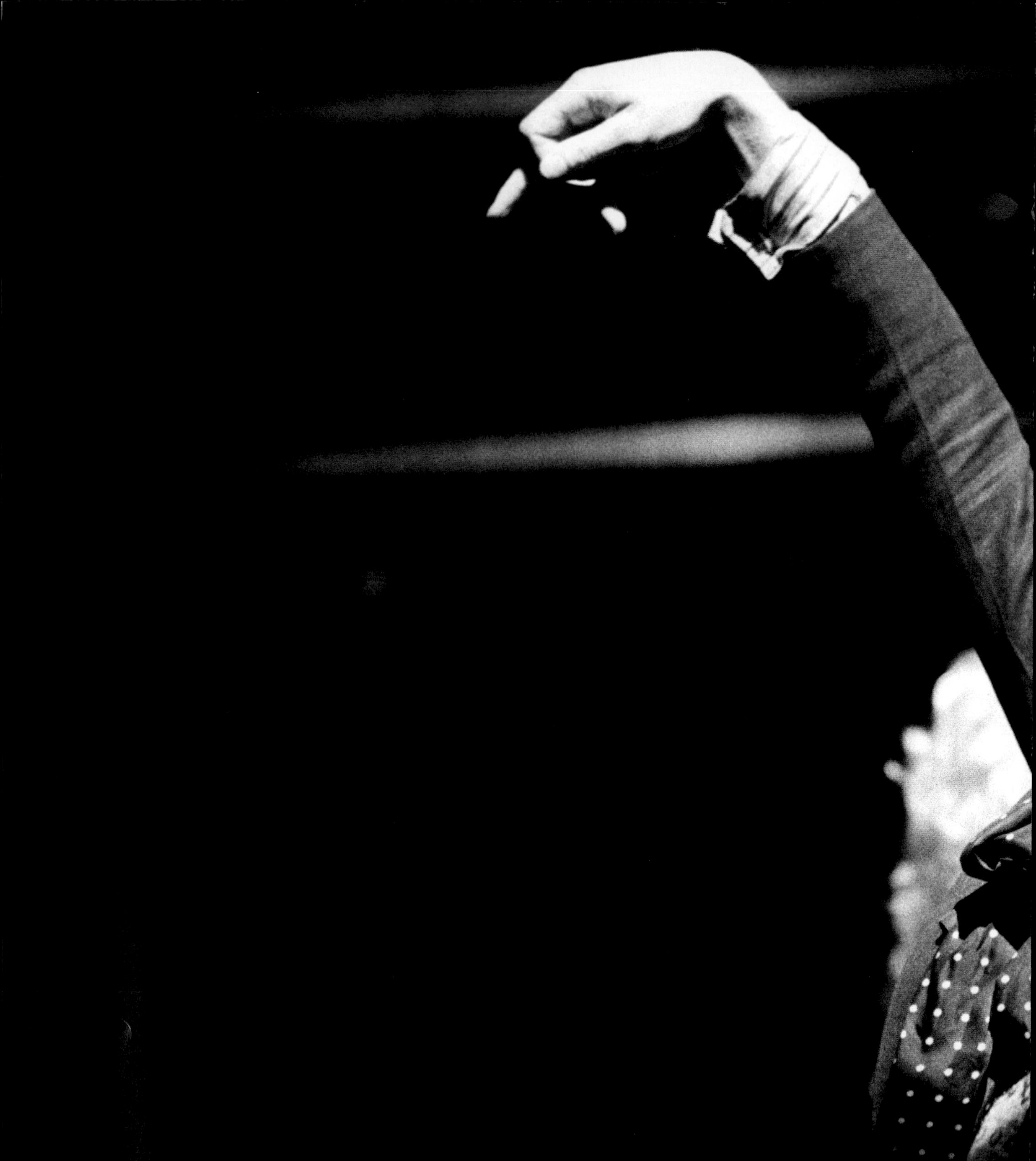

61

CYNTHIA: Então, parte do seu talento e dom natural é ser capaz de pensar e agir rápido, estar no momento certo e pronto para qualquer coisa.

NEAL: Exatamente.

CYNTHIA: E foi logo depois desse ensaio que você foi apresentado para cada um individualmente?

NEAL: Humm. Naquela noite e também no dia seguinte. Já havia me encontrado antes com o Peter Grant. Ele era o capitão do navio. Fui apresentado ao Jimmy e ao Robert no ensaio. Apertos de mãos e 15 segundos de papo.

CYNTHIA: E você não gostaria de contar como foi o encontro com cada pessoa?

NEAL: A primeira vez que eu passei mais de 30 segundos conversando com Jimmy foi provavelmente dois ou três dias depois em Chicago, quando estávamos hospedados no Ambassador East Hotel. Eu tinha que fazer, digamos, umas fotos mais "intimistas" para uma matéria sobre o Led Zeppelin que iria sair em uma nova revista chamada *People*. Eu fotografei Jimmy preparando seu terno branco para o próximo show e sentado no sofá com seus discos do Wailers, ele me mostrou seus anéis e foi assim que surgiram todas aquelas fotos. Foi um dia ou dois depois do primeiro show. Eu me lembro quando eles surgiram e Bonzo começou a introdução do "Rock And Roll", em seguida as luzes se acenderam e eu me lembro vendo Jimmy através da minha câmera, e pensando comigo mesmo, "Este é o Led *fudido* Zeppelin... Ok! Isso vai ser muito divertido! Vamos a eles!"

Ambassador East Hotel, Chicago
20 de janeiro de 1975

63

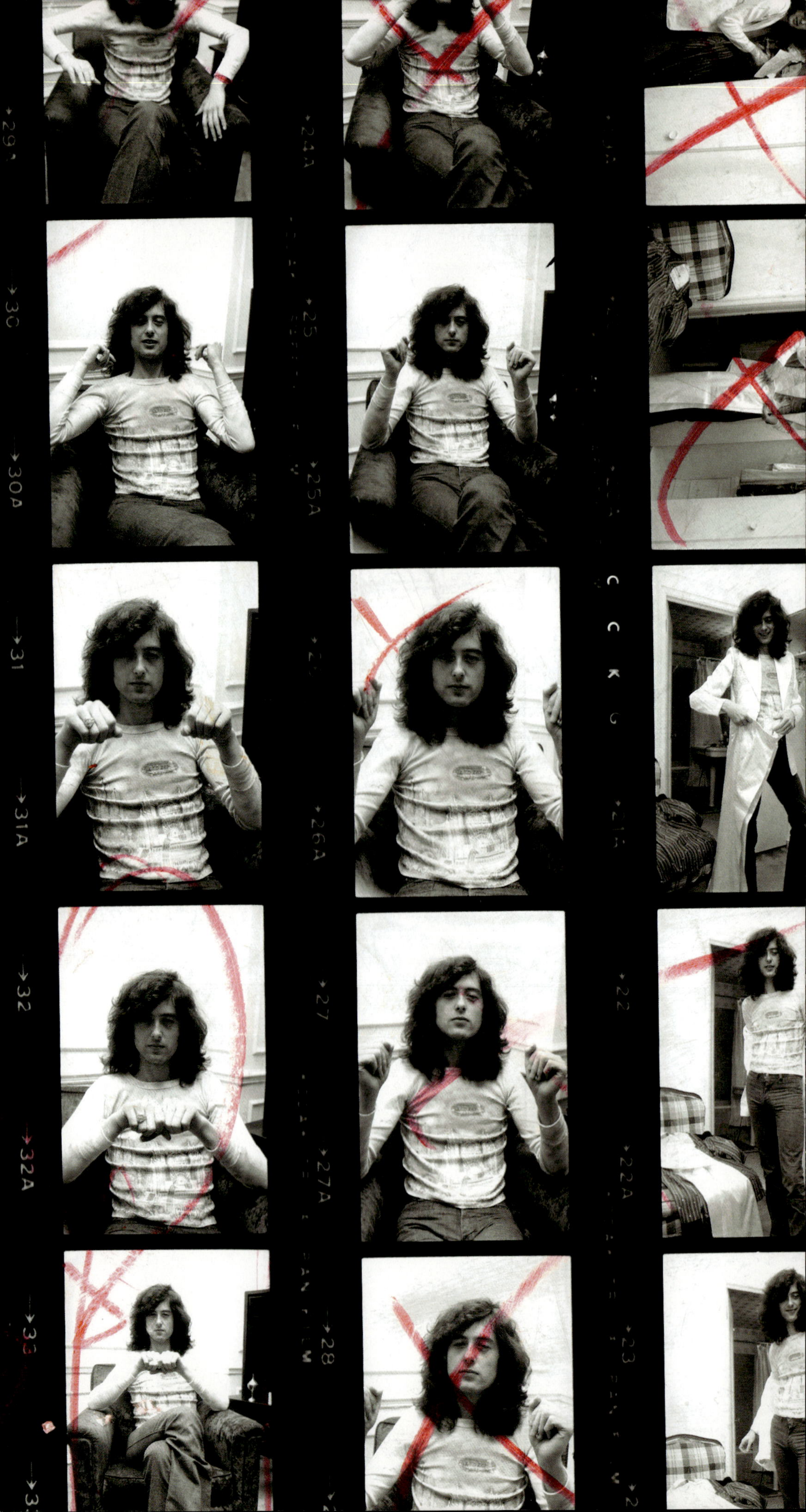

65

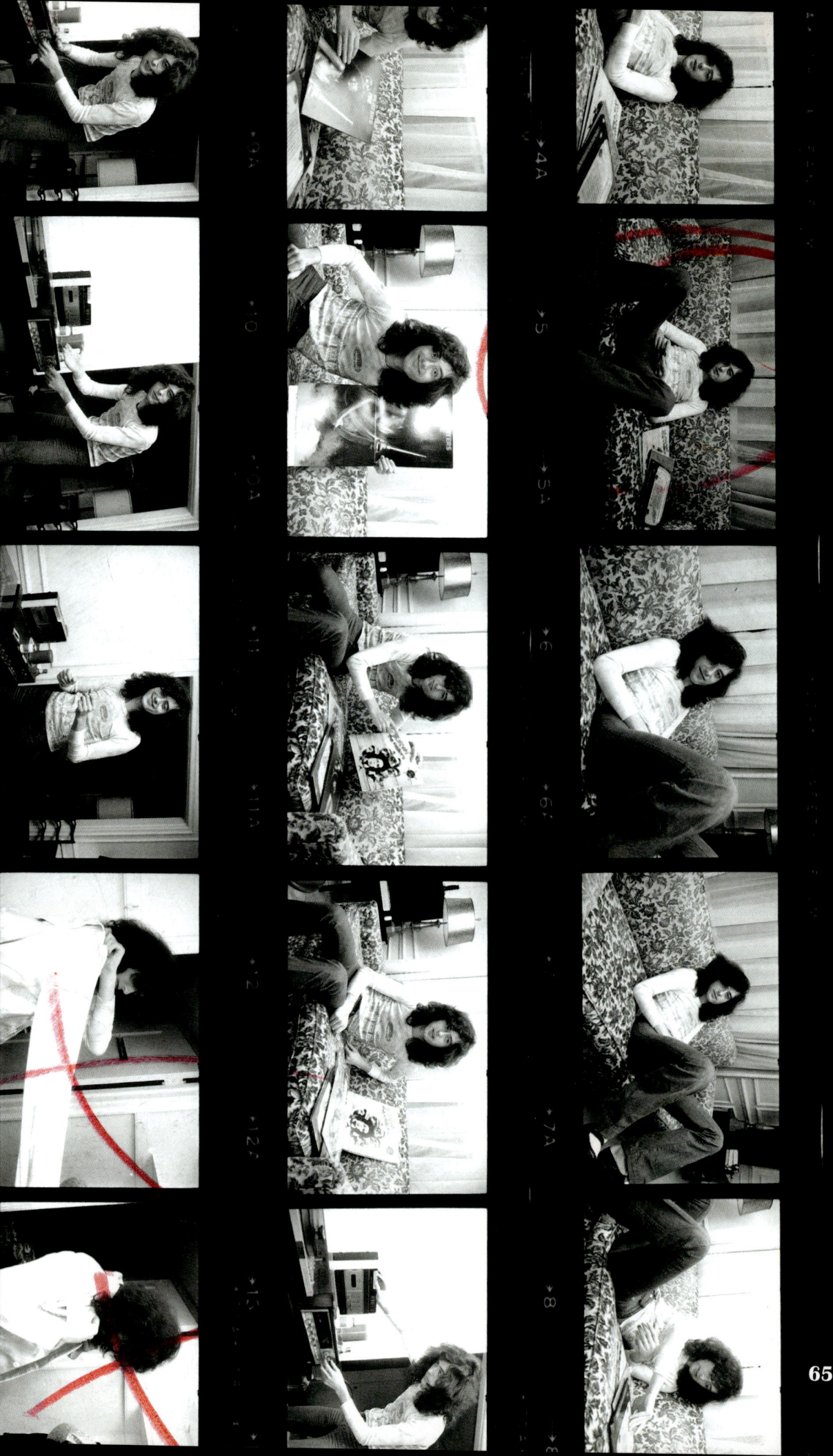

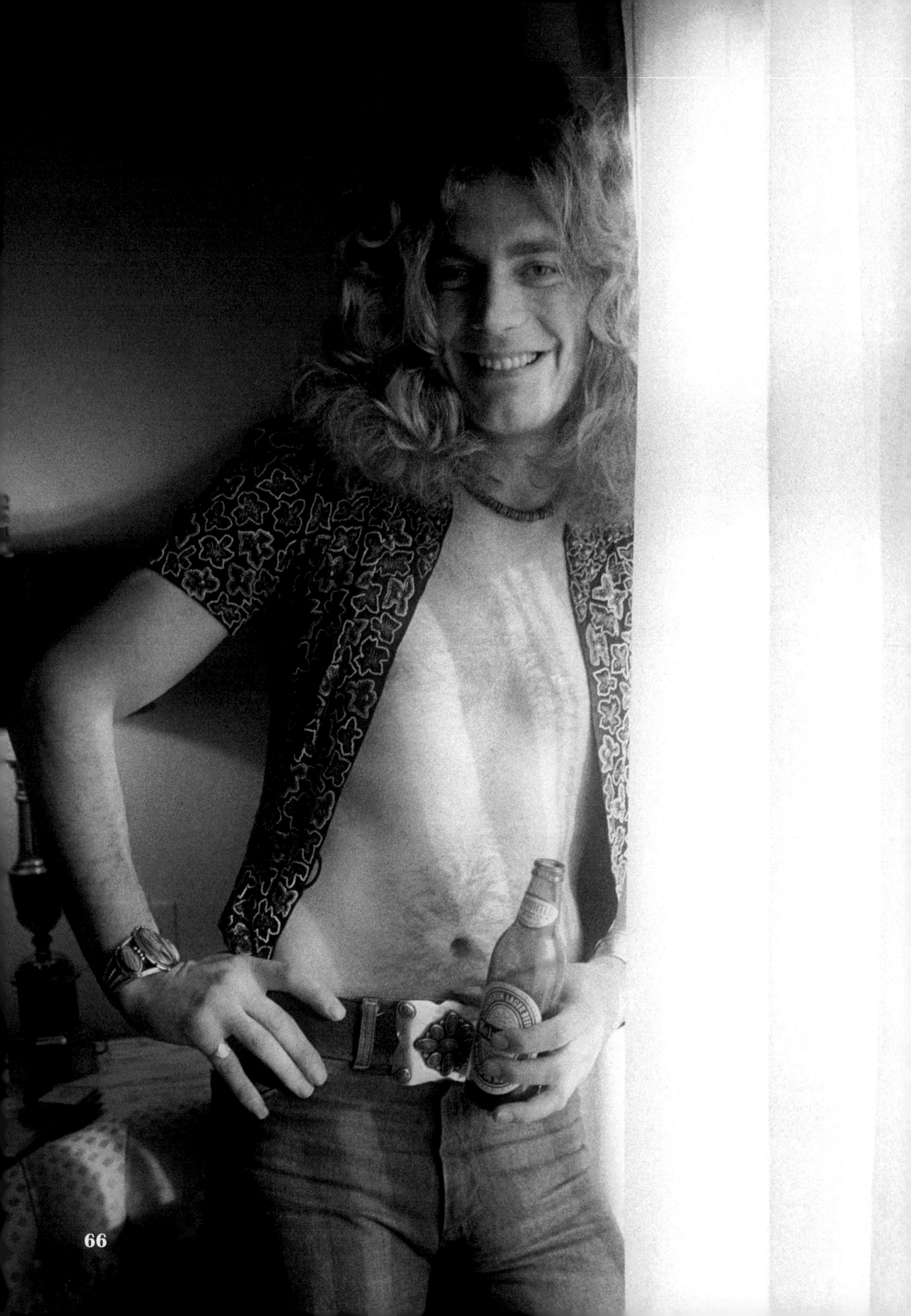

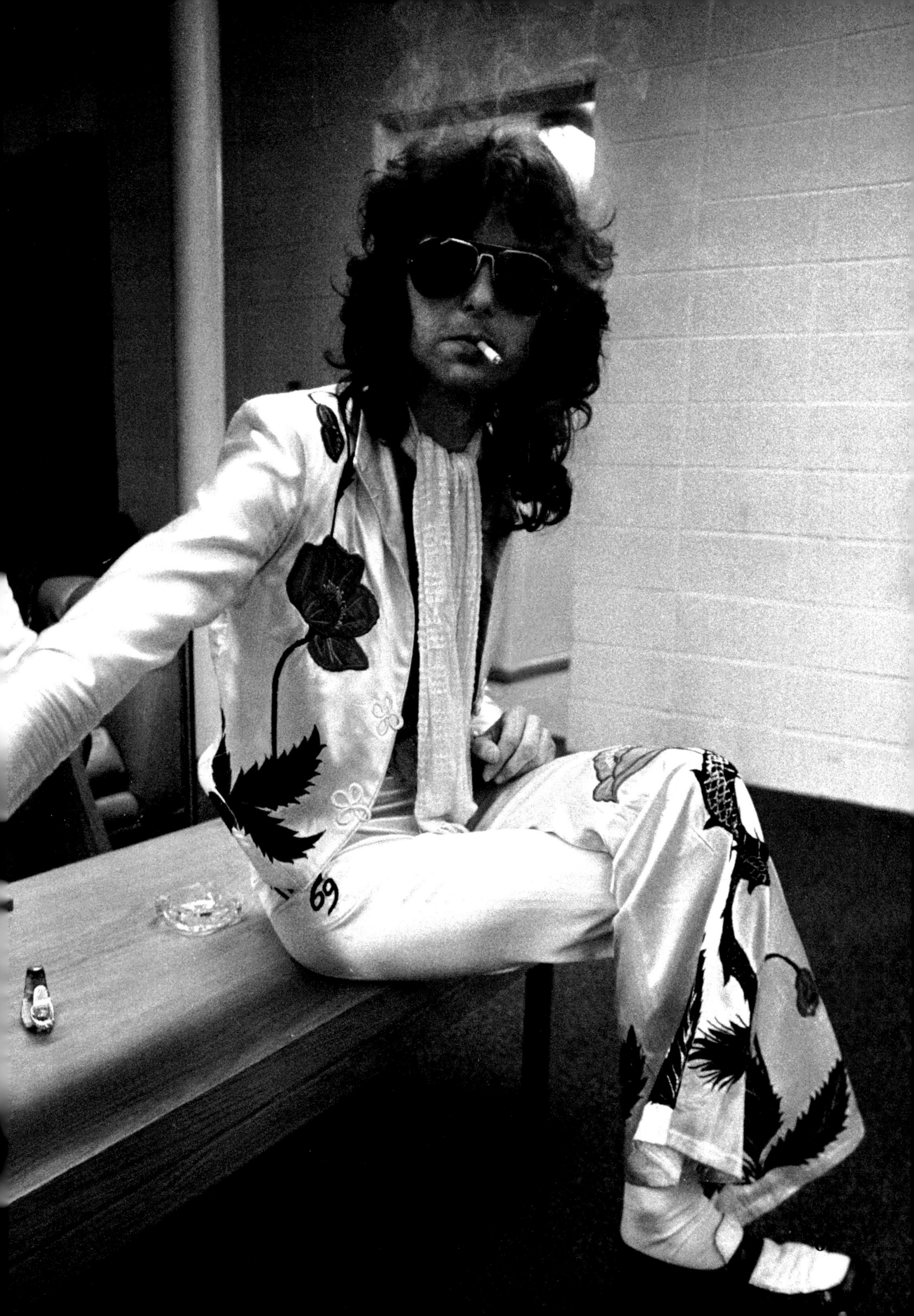

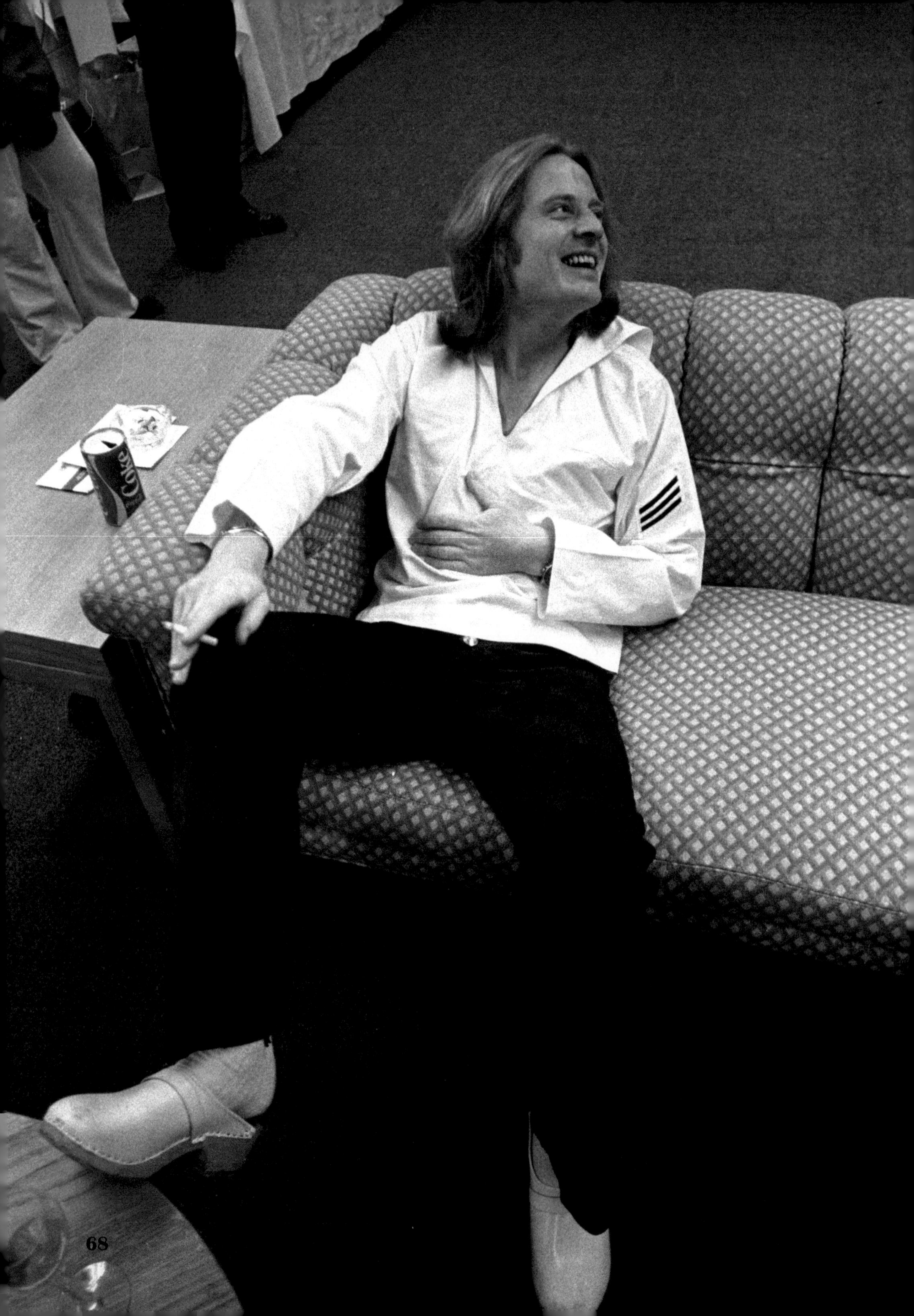
Coke

69

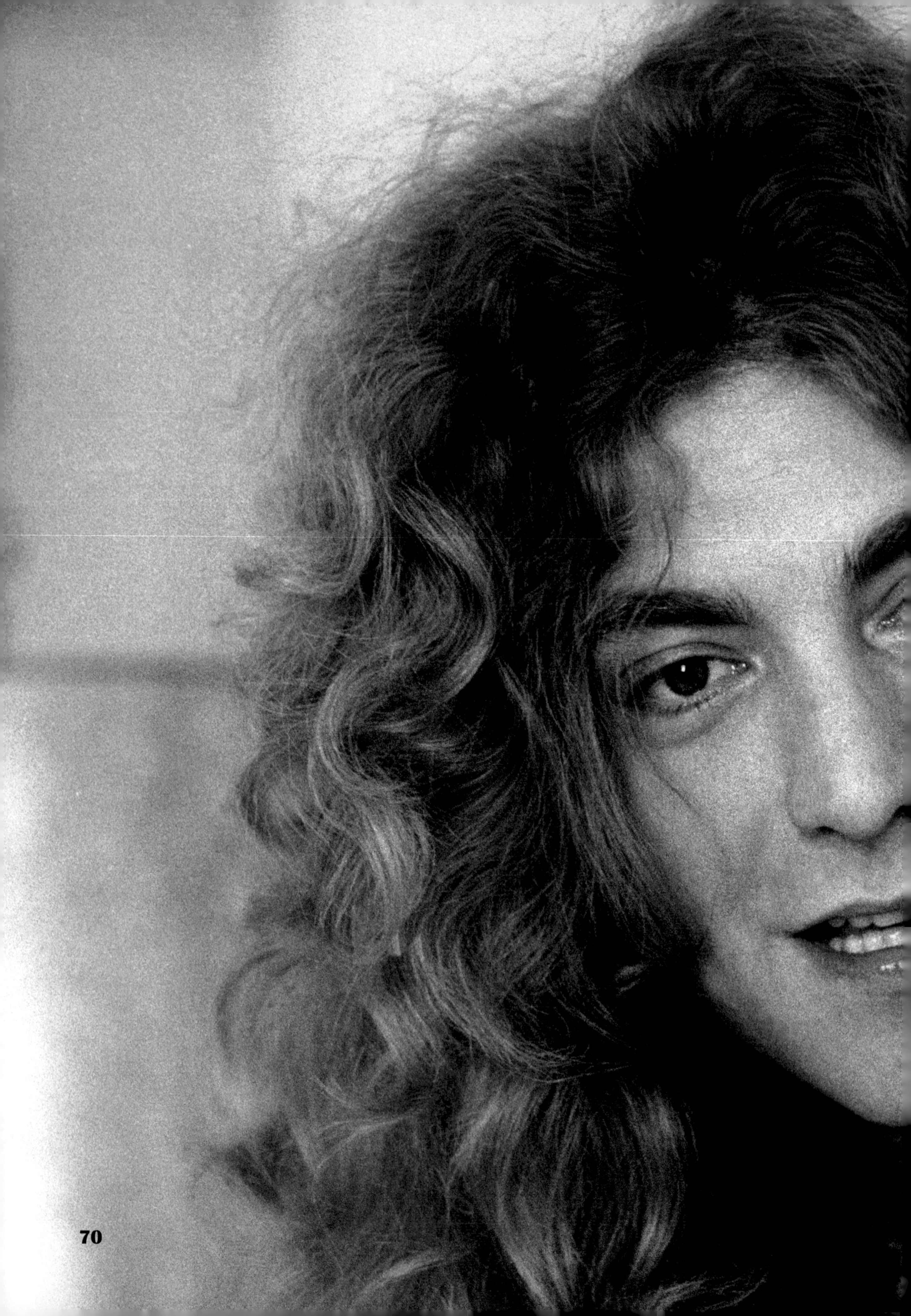

CYNTHIA: Então, pura química... tudo...

NEAL: Com Robert foi muito natural, você entende, clicamos. Ele era um *hippie*. Um fruto alto e loiro da geração "paz e amor". Ele amava Joni [Mitchell] e Jackson [Browne], o Eagles... amava tudo o que tinha a ver com a Califórnia e sua música.

CYNTHIA: E como você desenvolveu um relacionamento com ele? Ou foi você que começou a falar sobre música e esse tipo de coisa?

NEAL: Não existe uma fórmula para seguir, você está ali para fazer o seu trabalho. É como estar trabalhando em uma equipe de construção. Você cria um relacionamento ou não. É óbvio que para mim era importante ter um relacionamento positivo com eles porque eu era o fotógrafo deles e estaria ao redor deles, e eles não poderiam ter um problema comigo senão eu estaria frito. É mais ou menos isso.

Ambassador East Hotel, Chicago
19 de janeiro de 1975

Em algum lugar nos arredores de Chicago
8 de abril de 1977

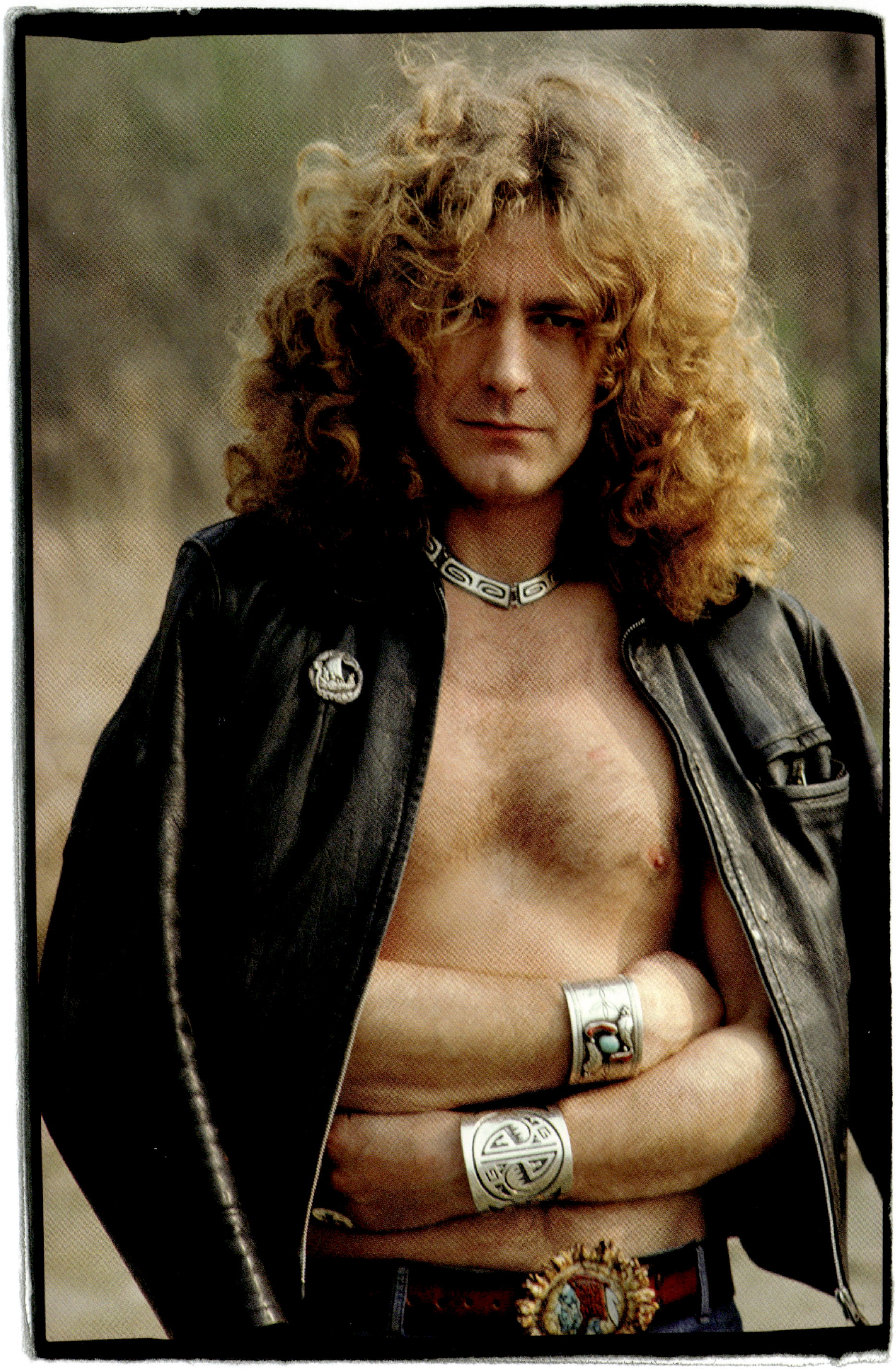

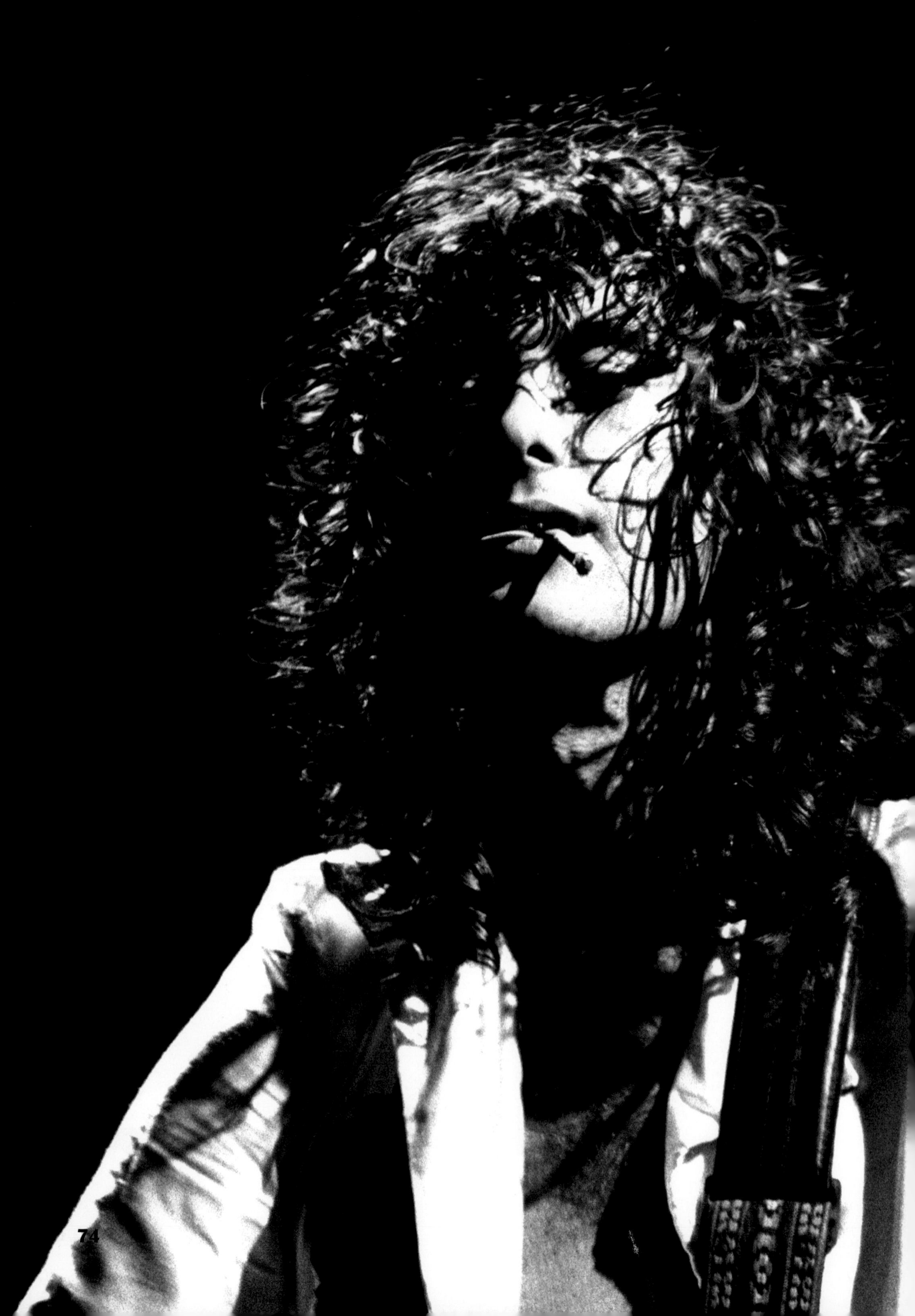

CYNTHIA: Você está vivendo o maior sonho de um fã porque você está lá com eles não apenas quando estão tocando, mas também fora do palco. E também está viajando com eles no avião oficial. Você tirava fotos enquanto eles estavam no avião também?

NEAL: Sim. Tirei um monte de fotos nos aviões e em cada momento que podia estar com eles.

CYNTHIA: Então, você estava lá nos pré-shows. Você tem algumas fotos fantásticas deles prestes a subir no palco. Você conseguiu o pré-show, o show e o pós-show, você conseguiu as festas, o avião e as fotos das viagens... você conseguiu um enorme acesso.

NEAL: Não é apenas inacreditável, mas para eles isso nunca tinha acontecido. Eles eram famosos por serem muito, mas muito reservados, como um clube exclusivo somente para homens, uma sociedade, assim por dizer. Então para eles tudo isso era provavelmente uma novidade, a ponto de me permitirem esse tipo de acesso. Não era como se estivessem permitindo que as pessoas os fotografassem em um hotel aqui e ali, mas era quase um prato feito enquanto eu estivesse na estrada. Era o trabalho dos sonhos.

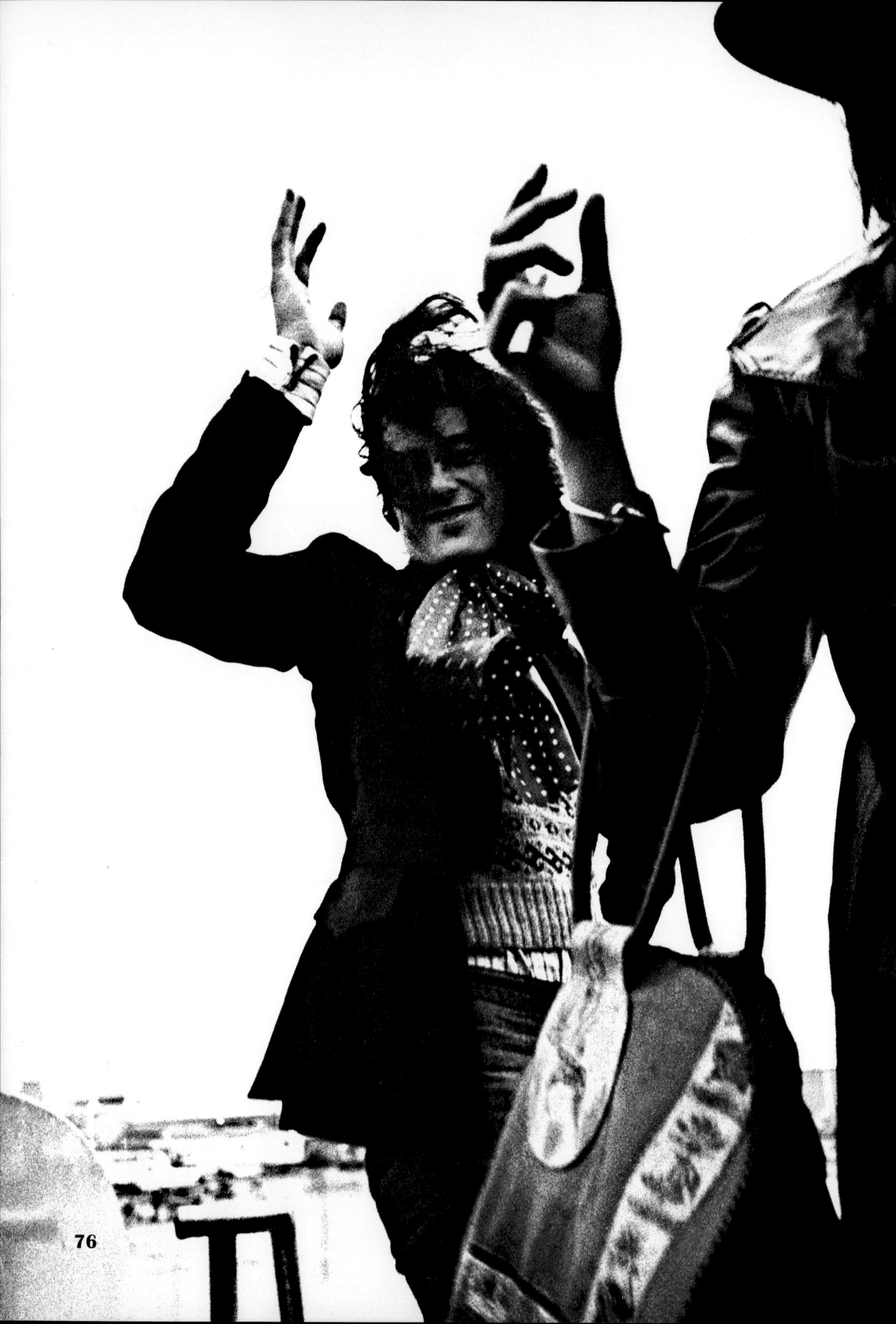

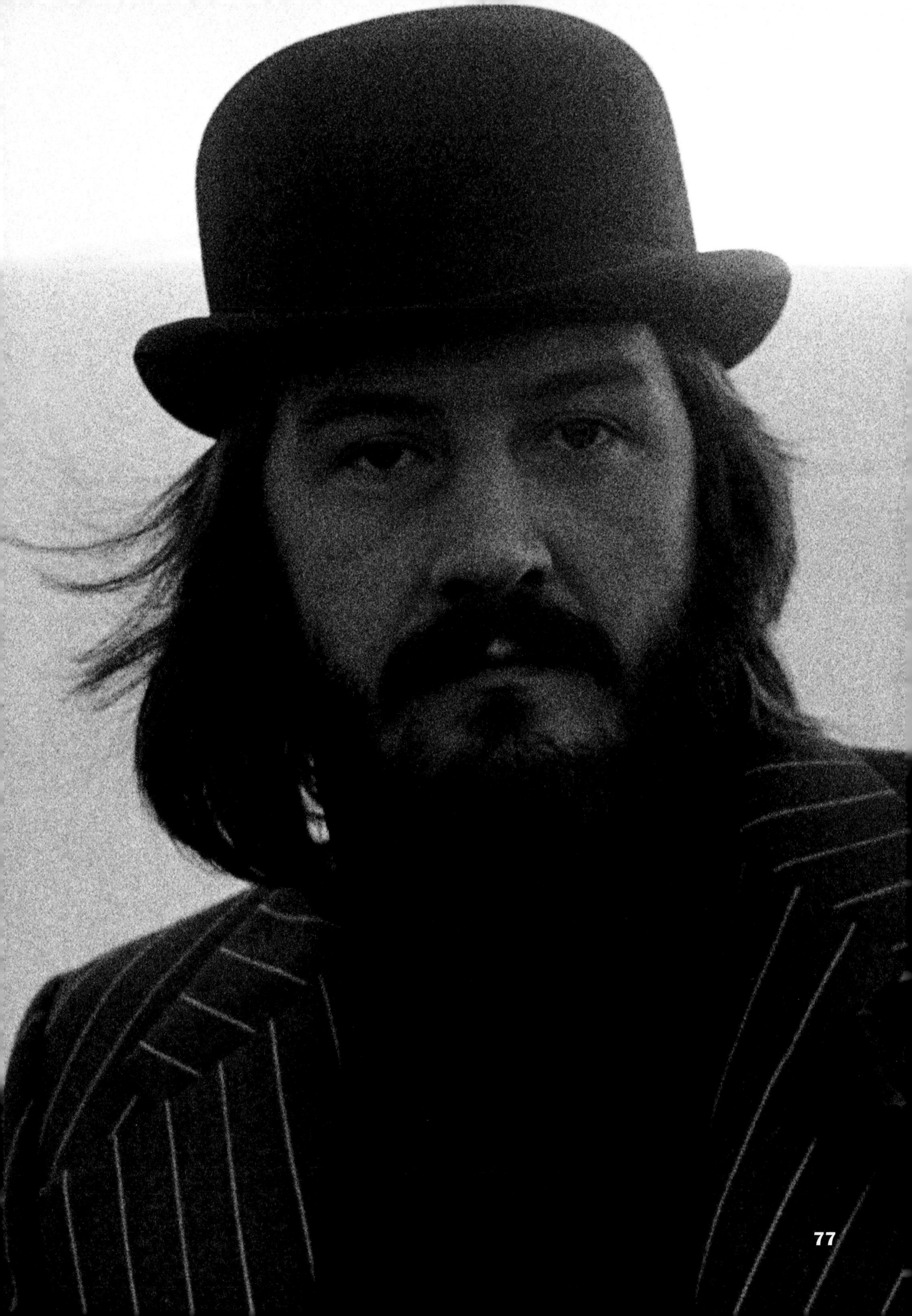

Aguardando a nave espacial [avião], Minneapolis
18 de janeiro de 1975

A bordo na nave espacial
1º de fevereiro de 1975

80

81

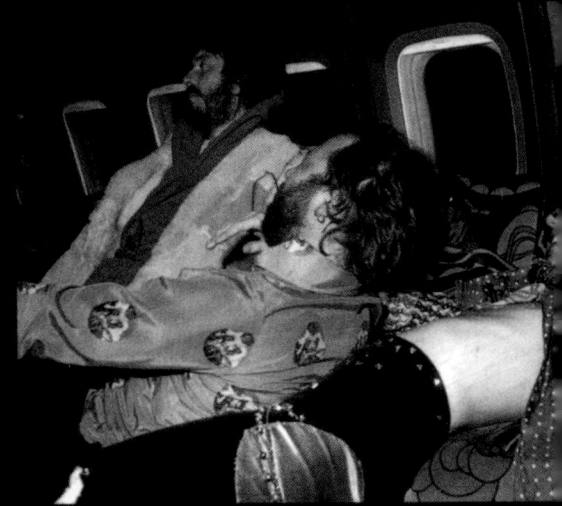

A bordo na nave espacial
24 de janeiro de 1975

WHISKEY
BOTTLED AT THE DISTILLERY
GOLD MEDALS
1904
LIEGE BELGIUM
1905
1913
LONDON 1914
LONDON 1915
STAR OF EXCELLENCE

A bordo na nave espacial
15 de abril de 1977

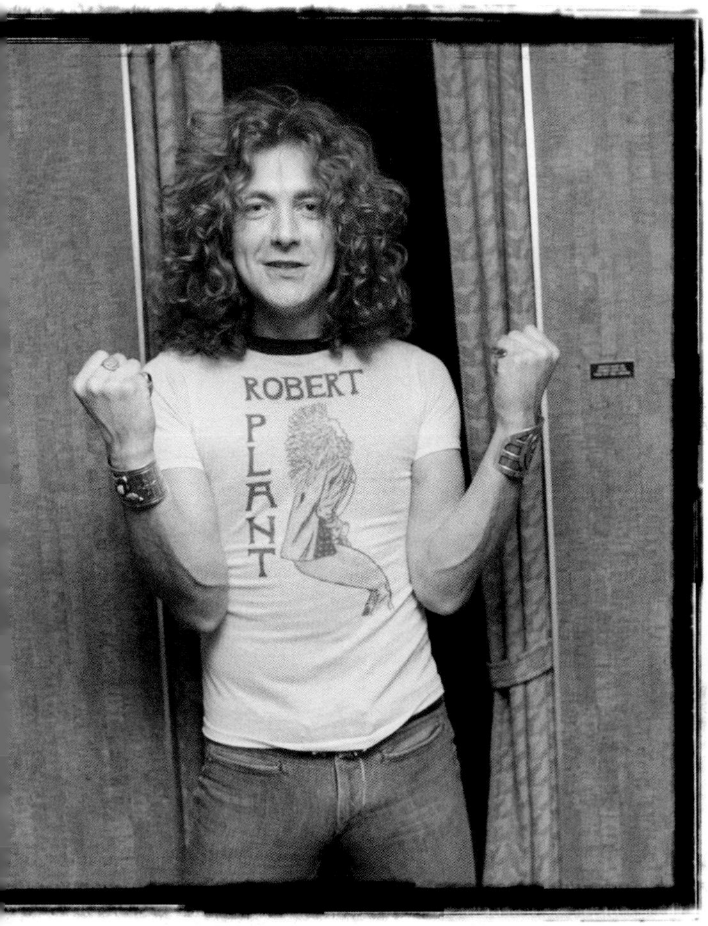
ROBERT
PLANT
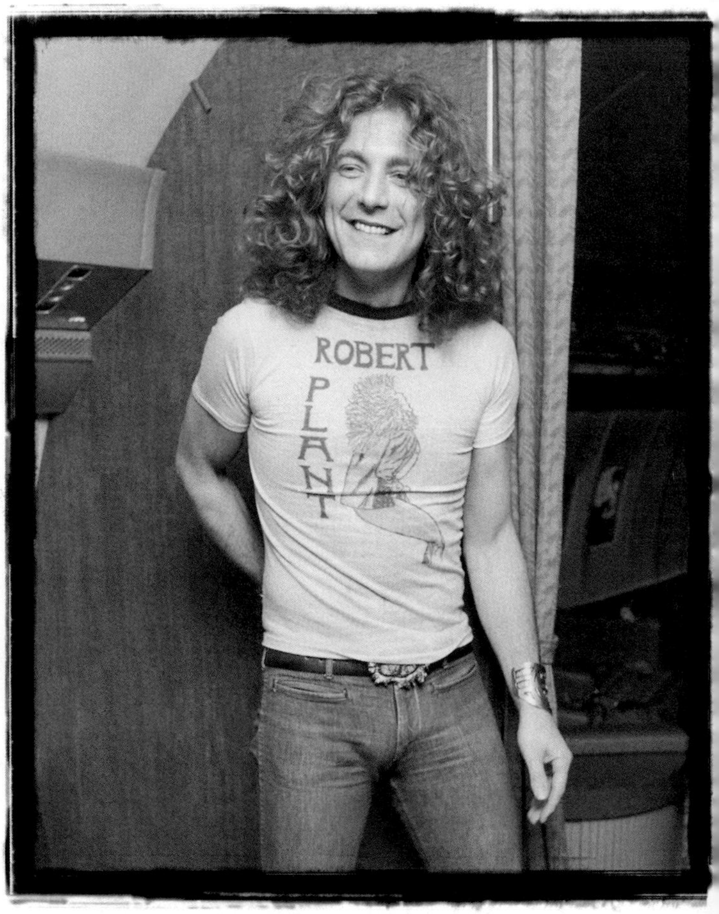
ROBERT
PLANT

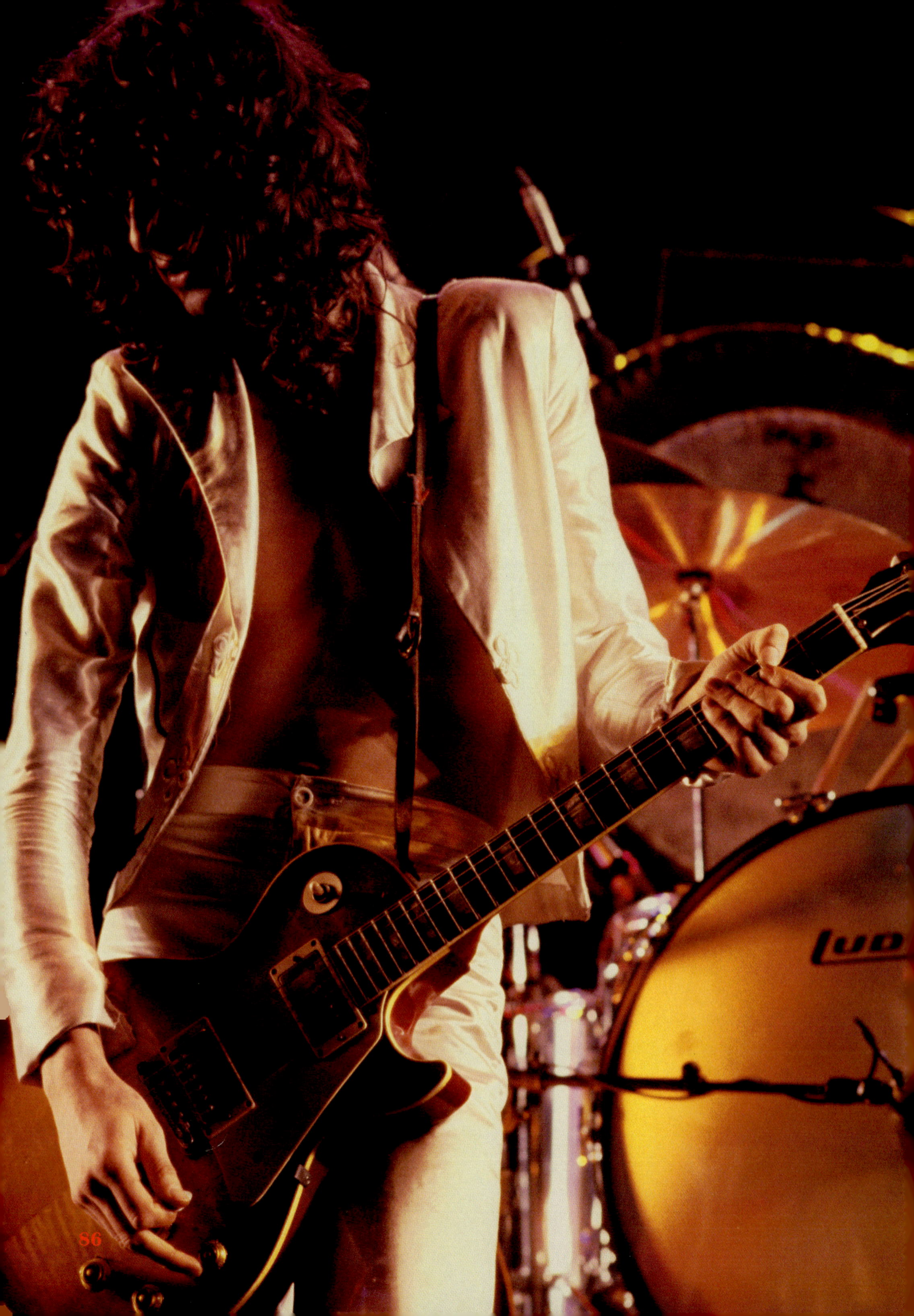
LUD

CYNTHIA: Parte da criação do mito, ou a noção de maiores que a vida do Led Zeppelin, surgiu do fato de que eles faziam coisas de maneira diferente.

NEAL: À maneira deles.

CYNTHIA: Sim. Jimmy Page se orgulha muito do fato de que esta era uma banda que havia crescido principalmente do boca a boca. Não foi por meio de uma campanha publicitária. Não foi por meio de inúmeras aparições na TV. Então, você se vê ali, de algum modo, por meio de sua capacidade criativa ajudando-os a criar e a manter esse tipo de mistério por causa da sua capacidade de captá-los nesses incríveis momentos iconográficos que a maioria das pessoas pensa quando o Led Zeppelin lhes vem à mente. Esses momentos são momentos que você criou.

NEAL: Bem, são momentos que eu captei. Eu acho que a decisão já havia sido tomada antes da turnê para que eles fossem mais acessíveis. Eles eram a melhor banda do mundo e sei de fato que a decisão já havia sido tomada para se obter maior publicidade, levar alguns escritores na viagem para gerarem matérias mais abrangentes, que imagino ser algo que raramente haviam feito antes. Eles convidaram dois escritores ingleses para a viagem, pessoas do *NME* e *Melody Makers*. Lisa Robinson apareceu várias vezes na viagem. Cameron (Crowe) apareceu na viagem para a *Rolling Stone* e Jimmy odiava a *Rolling Stone* com toda a sua força.

CYNTHIA: Por que eles não ganhavam coisa alguma da *Rolling Stone* a não ser críticas negativas?

NEAL: Tenho certeza que ele ainda os odeia até hoje. Ele os considerava desprezíveis. Mas, o Cameron conseguia contornar isso, não porque ele era fã da banda – e de fato era, é claro – mas porque ele era um grande escritor, entendia a banda e o porquê que eles eram tão importantes para todos nós, as crianças e os fãs e... ele havia conversado antes com Jimmy para o *LA Times* dois anos antes e era um aliado, ele realmente amava a banda e era eloquente quando escrevia sobre o Zeppelin. Um esforço orquestrado havia sido montado para abrir o Led Zeppelin um pouco mais para a imprensa. E eu acho

Chicago Stadium
6 de janeiro de 1977

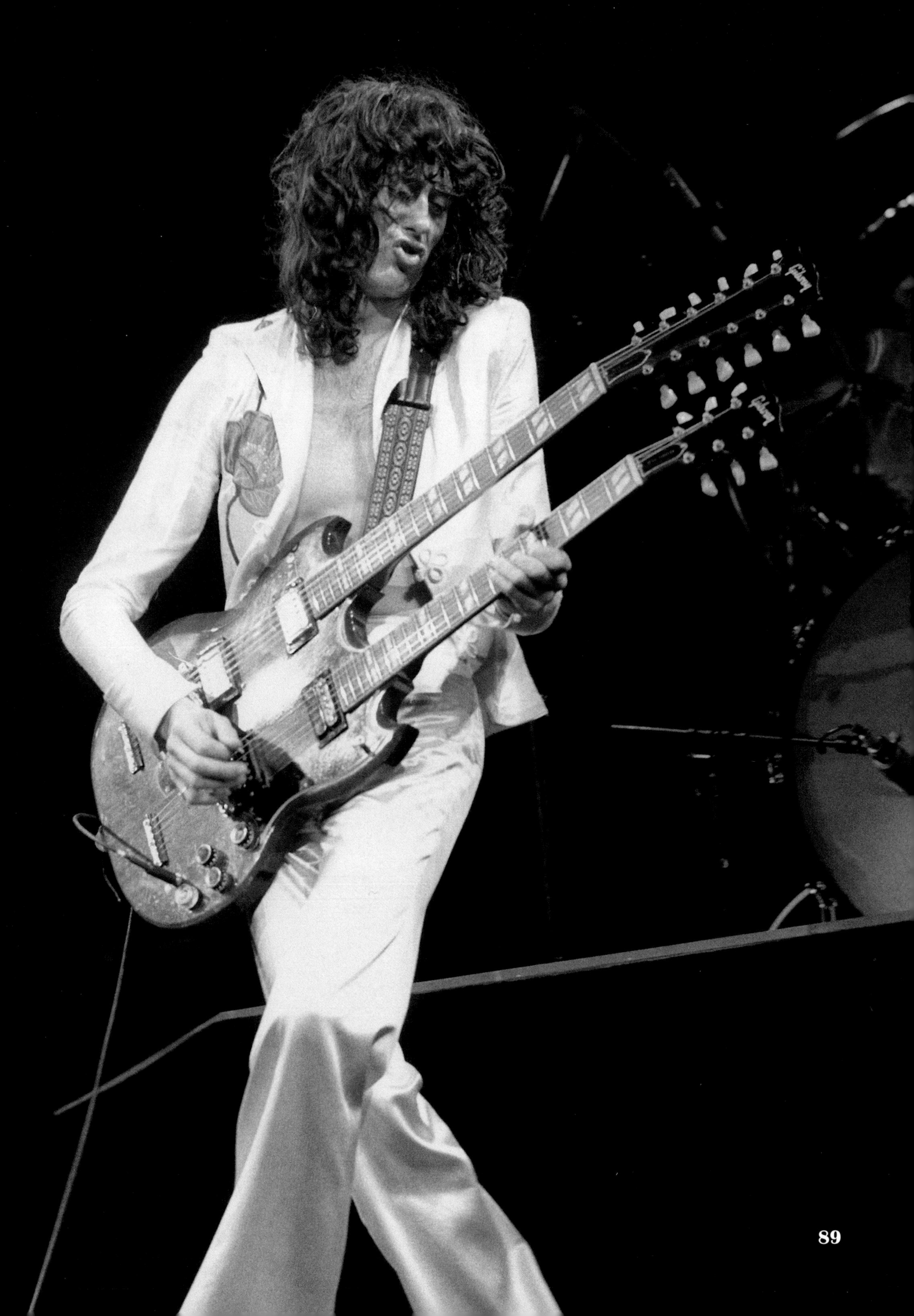
Gibson
Gibson

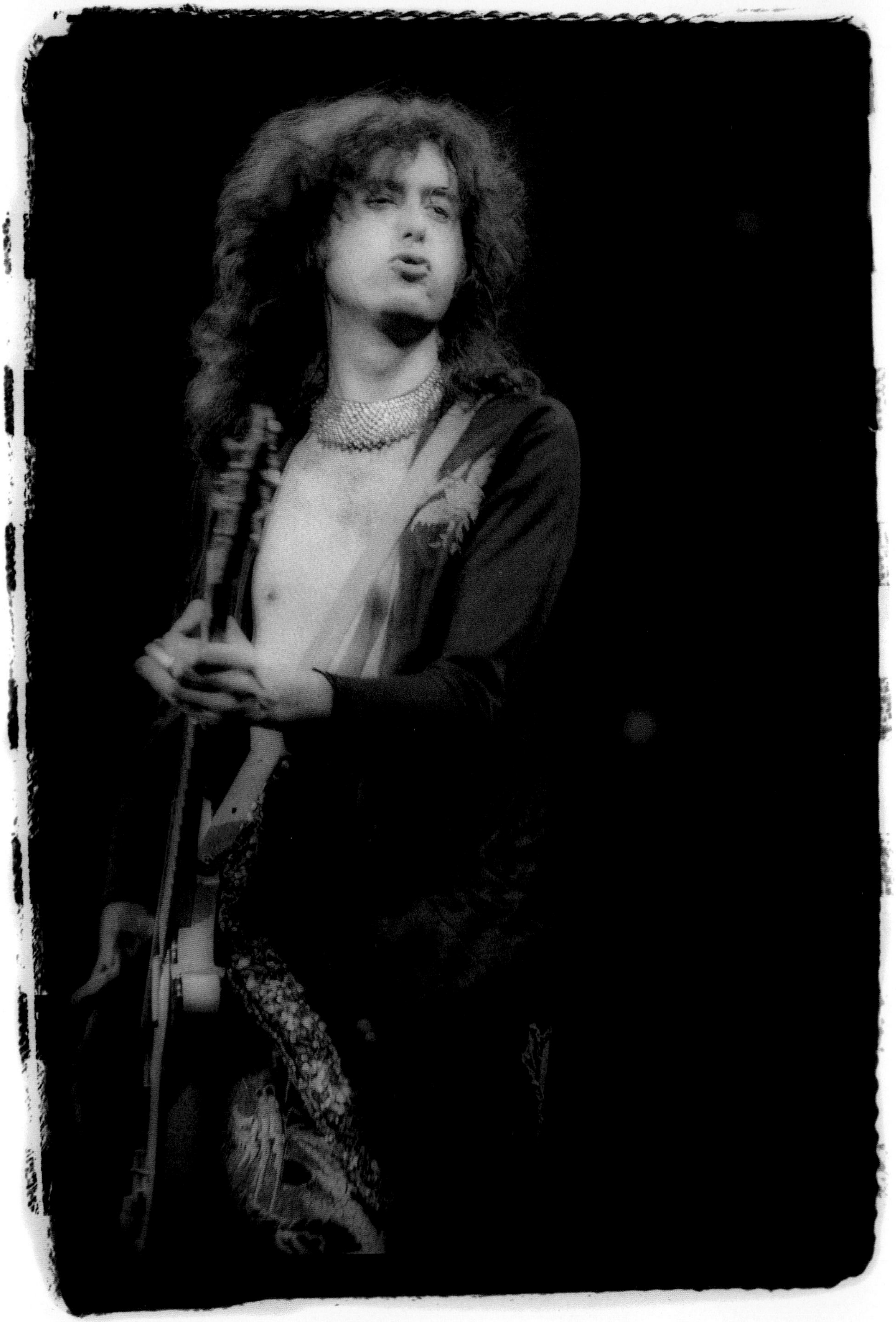

CYNTHIA: E a banda foi capa da *Rolling Stone* durante aquela turnê, eu me lembro. Aquela foto era sua?

NEAL: Obrigado por trazer à tona um assunto tão delicado! Sim, era, mas não era o que eu havia fotografado inicialmente. O que aconteceu foi que juntamos a banda para tirar a foto da capa em uma suíte do Plaza Hotel, e quando a banda chegou, Jimmy carregava um buquê de rosas murchas nas mãos como objeto de cena, era a sua forma de criticar Jann Wenner (o editor da *Rolling Stone* na época e atualmente).

De qualquer modo, eu tinha um problema no obturador da câmera e as fotos não ficaram boas. Eu fiquei arrasado quando liguei para o laboratório e fiquei sabendo. Nada. Foi de fato o momento mais difícil da minha vida... Eu ainda me sinto angustiado com isso. A revista colocou duas fotos ao vivo na capa, sobrepondo-as em uma única foto. Ficou bom, mas...

Chicago Stadium
21 de janeiro de 1975

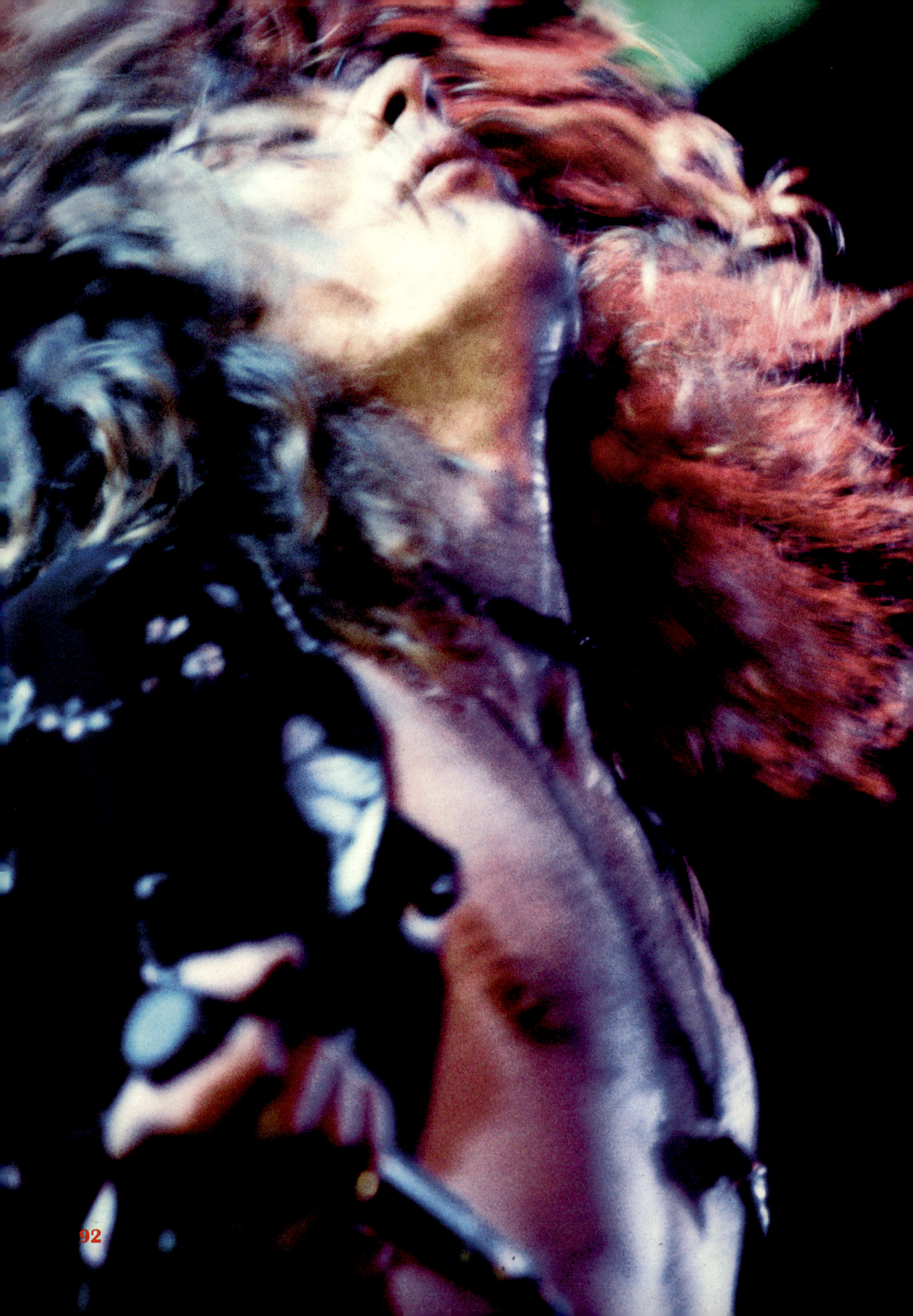

CYNTHIA: Os fãs lá fora salivam ao imaginar como foi sua vida, porque você compareceu a cada espetáculo e fotografou esse e aquele show e pega a banda em momentos que o fã comum não tem acesso. Eu adoraria experimentar isso. Por exemplo, durante os shows, onde você fica? No palco? Você fica em todos os lugares do palco? Você está embaixo do palco? Você fica onde quiser, onde é permitido?

NEAL: Em qualquer lugar onde eu sentia estar a melhor foto. Eu me movimentava bastante. Não era um bom lugar para ter preguiça, se é que você me entende.

CYNTHIA: Teve algum momento em que, "upa", de repente você estava no caminho... ou no lugar errado, na hora errada?

NEAL: Não. Bem, posso dizer em definitivo "não"? Não...Posso dizer "é mais provável que não". Mas ser profissional significa...todo mundo se confunde, às vezes...mas no segundo em que ficar no meio do caminho, um *roadie* vai fatiar seu cérebro e jogar para a plateia. Porque esses caras, o trabalho deles está por um fio. Se aquele gelo seco não surge no início de "No Quarter" porque minha bolsa está em cima ou algo, ou o fotógrafo derruba Coca-Cola no misturador...bem, o maldito do *roadie* é o cara que vai viver um inferno por isso. Em todas as bandas essa é a verdade, e com certeza nas bandas com as quais trabalhei. É uma verdade básica do rock; a equipe de *roadies*, eles são os caras com quem você vai viver e morrer. Então é melhor você tratá-los bem e eles os tratarão bem.

Madison Square Garden, Cidade de Nova York
21 de fevereiro de 1975

95

Kezar Stadium, São Francisco
2 de junho de 1973

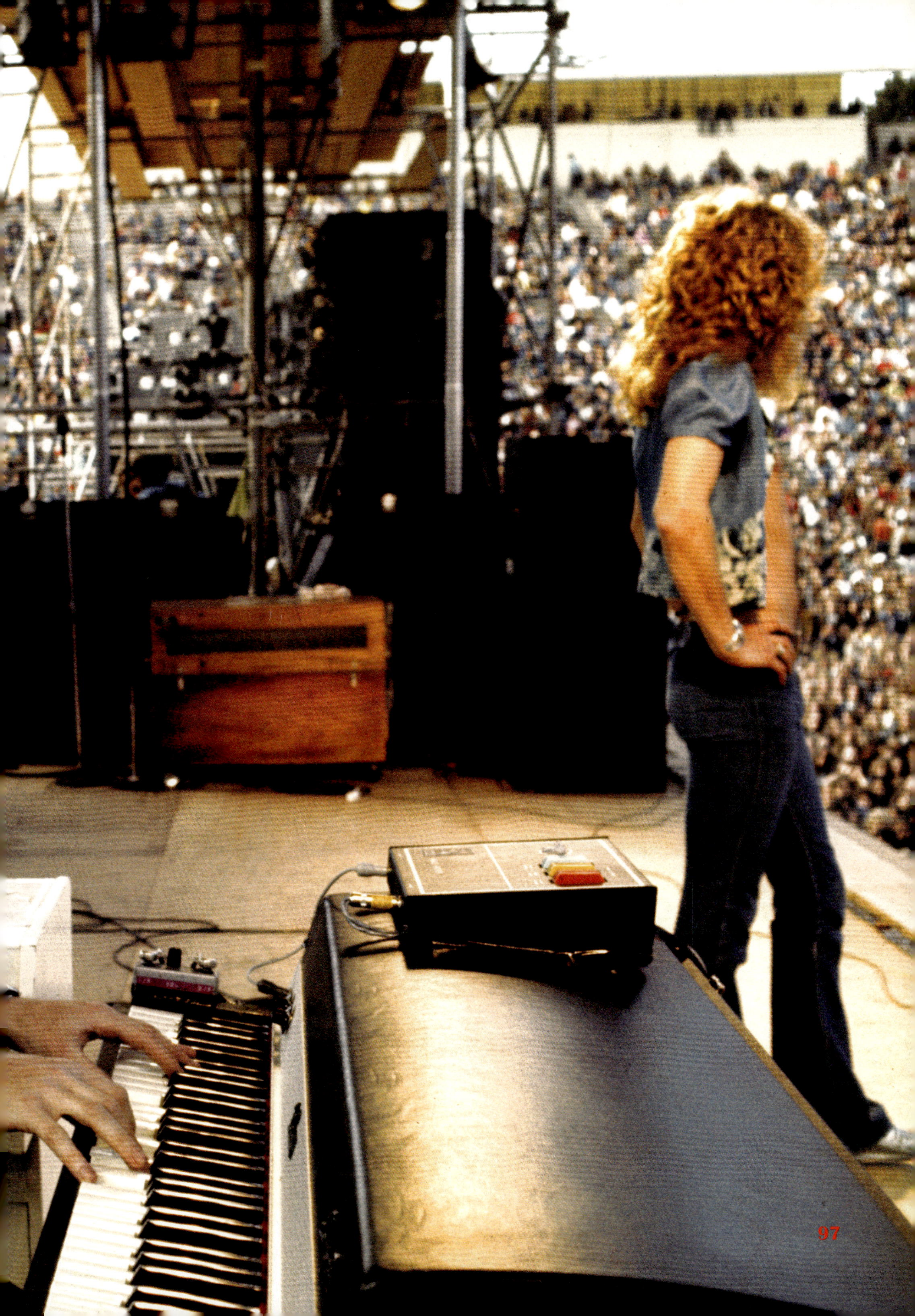

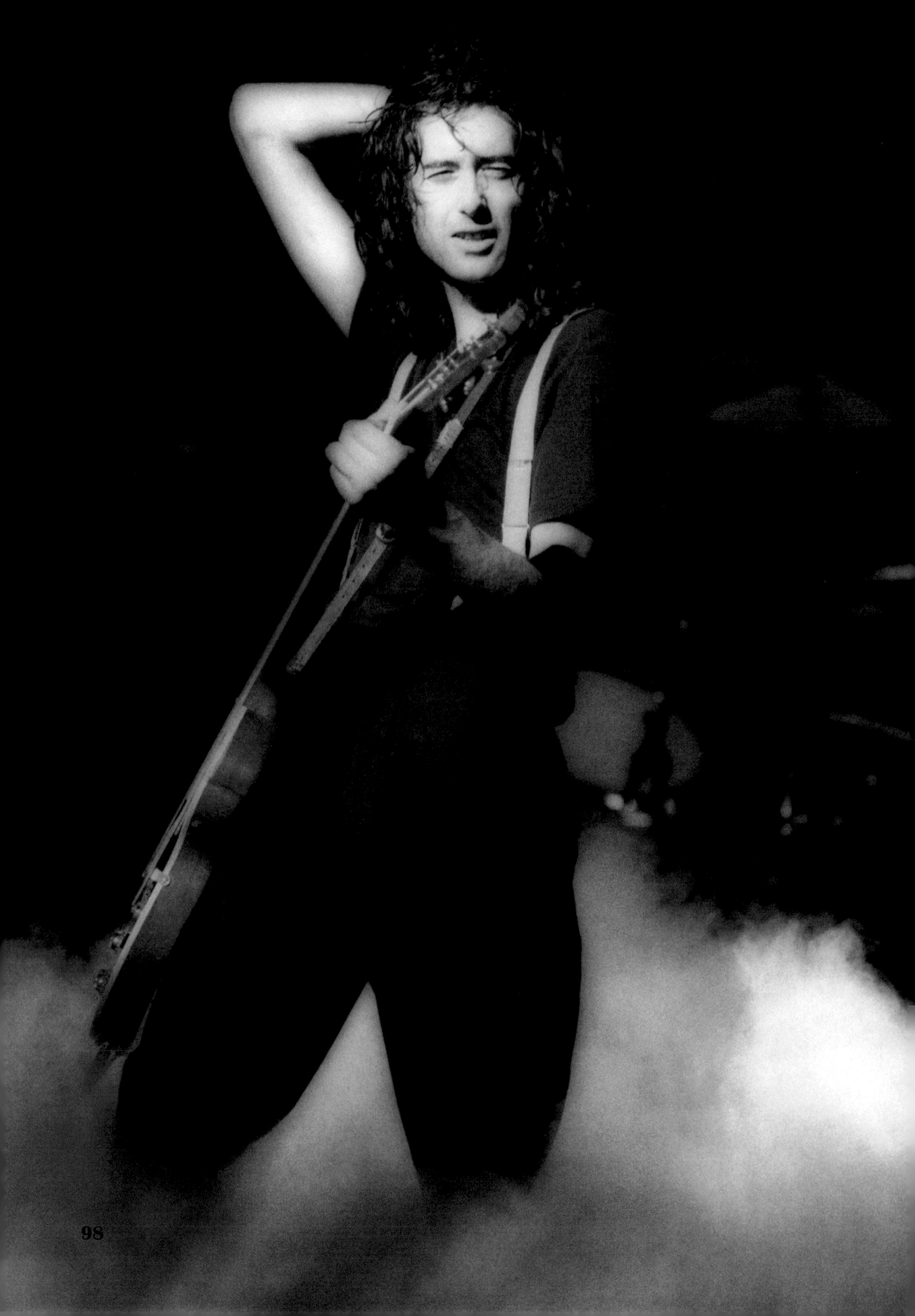

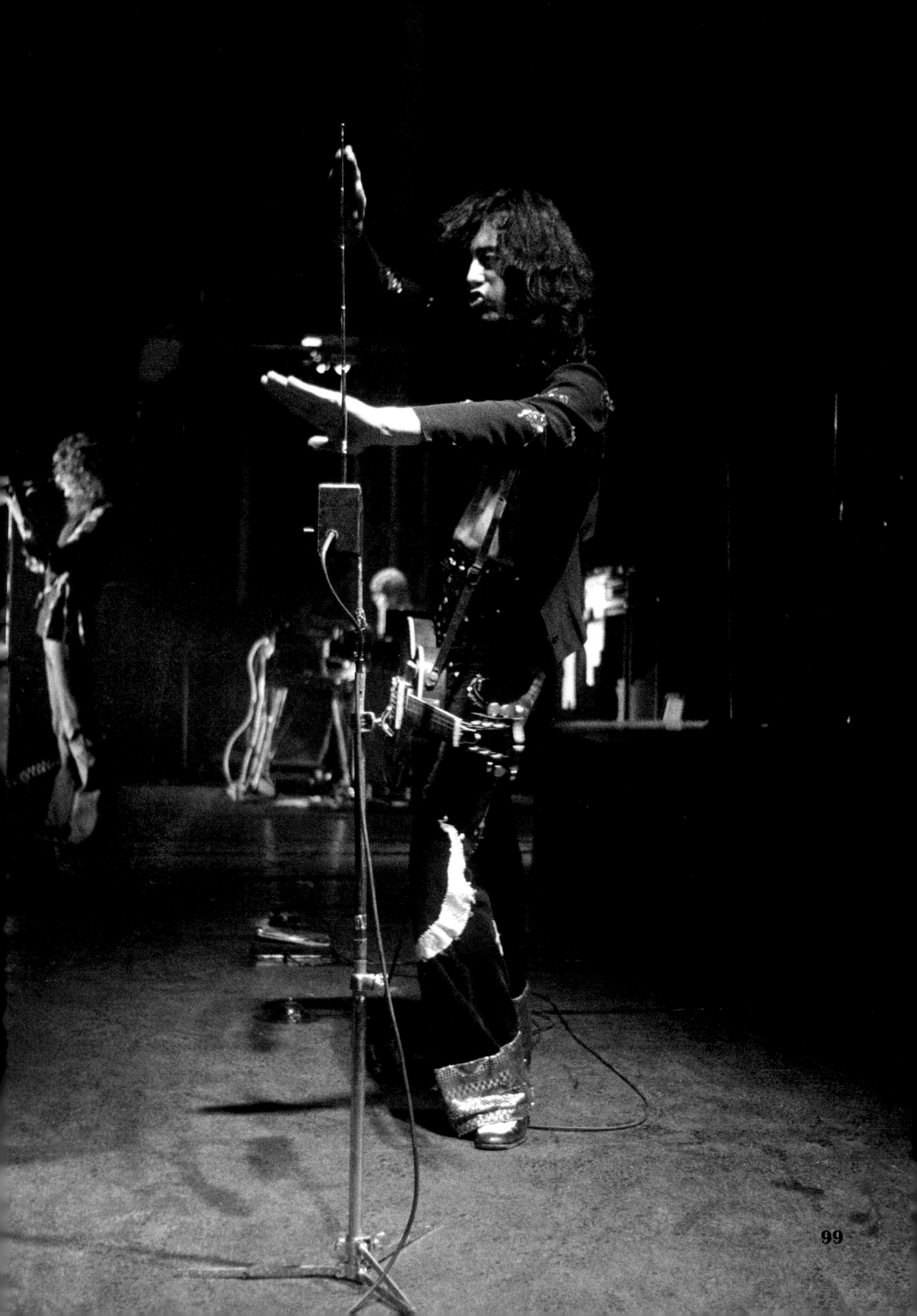

Kezar Stadium, São Francisco
2 de junho de 1973

101

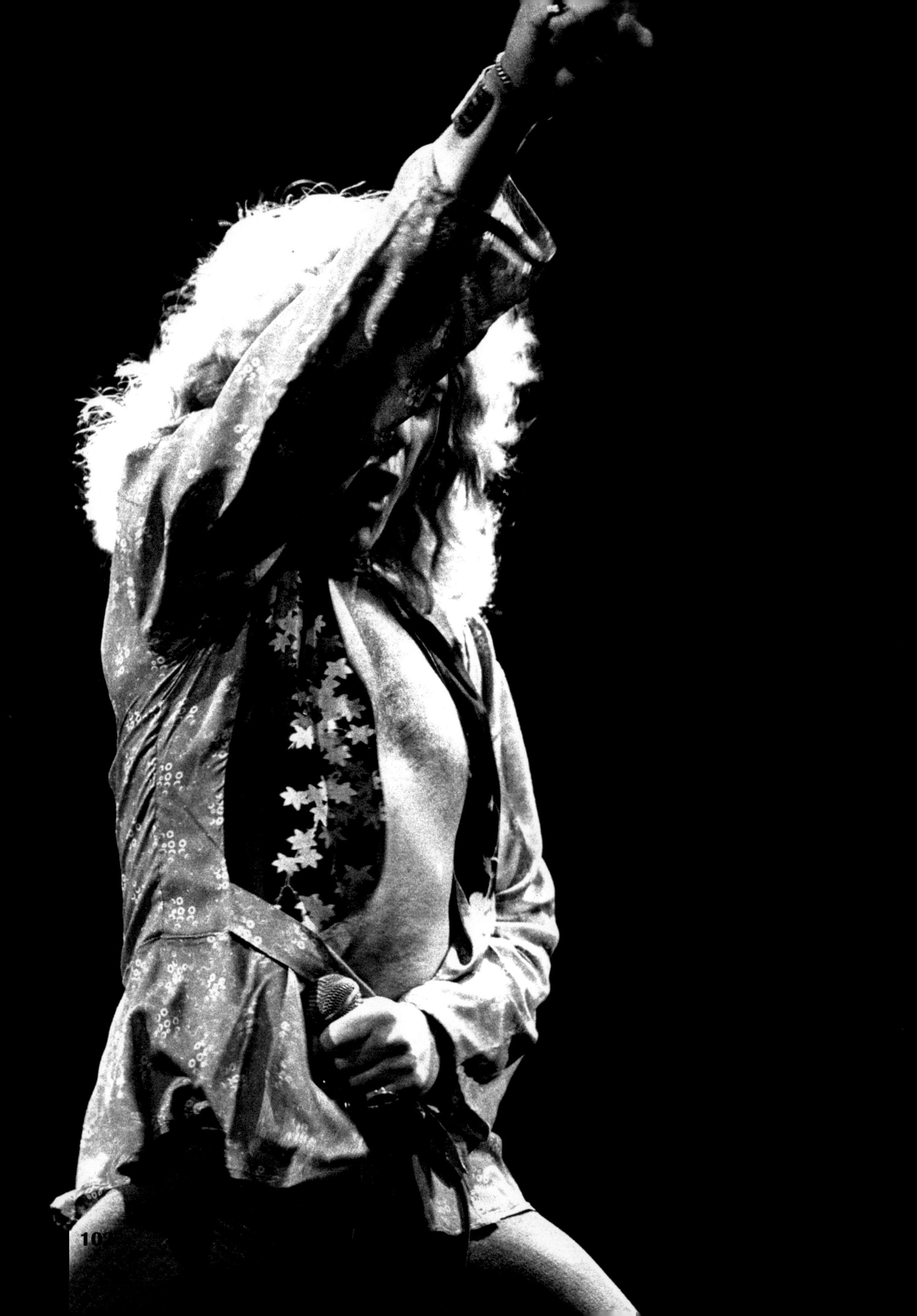

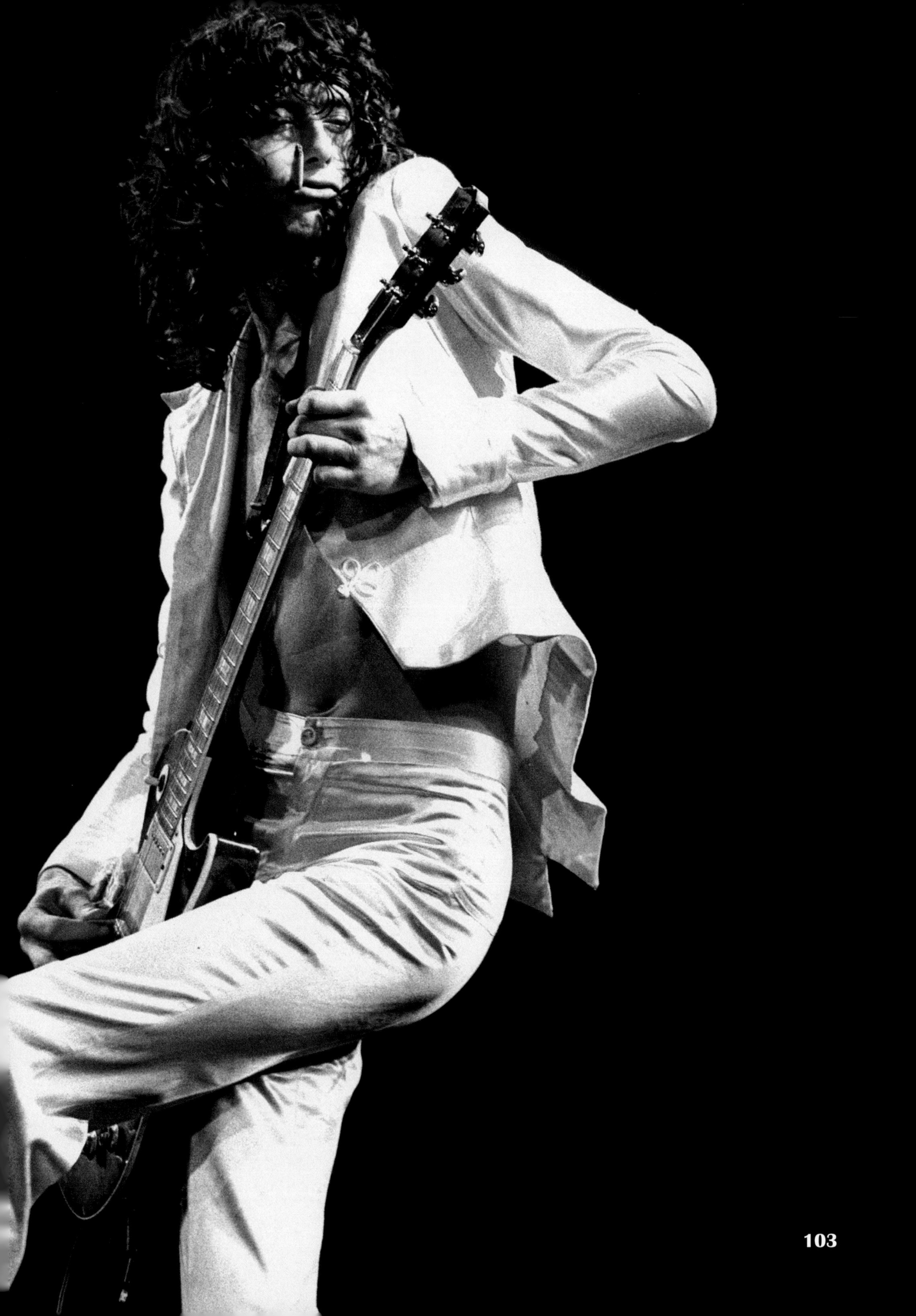

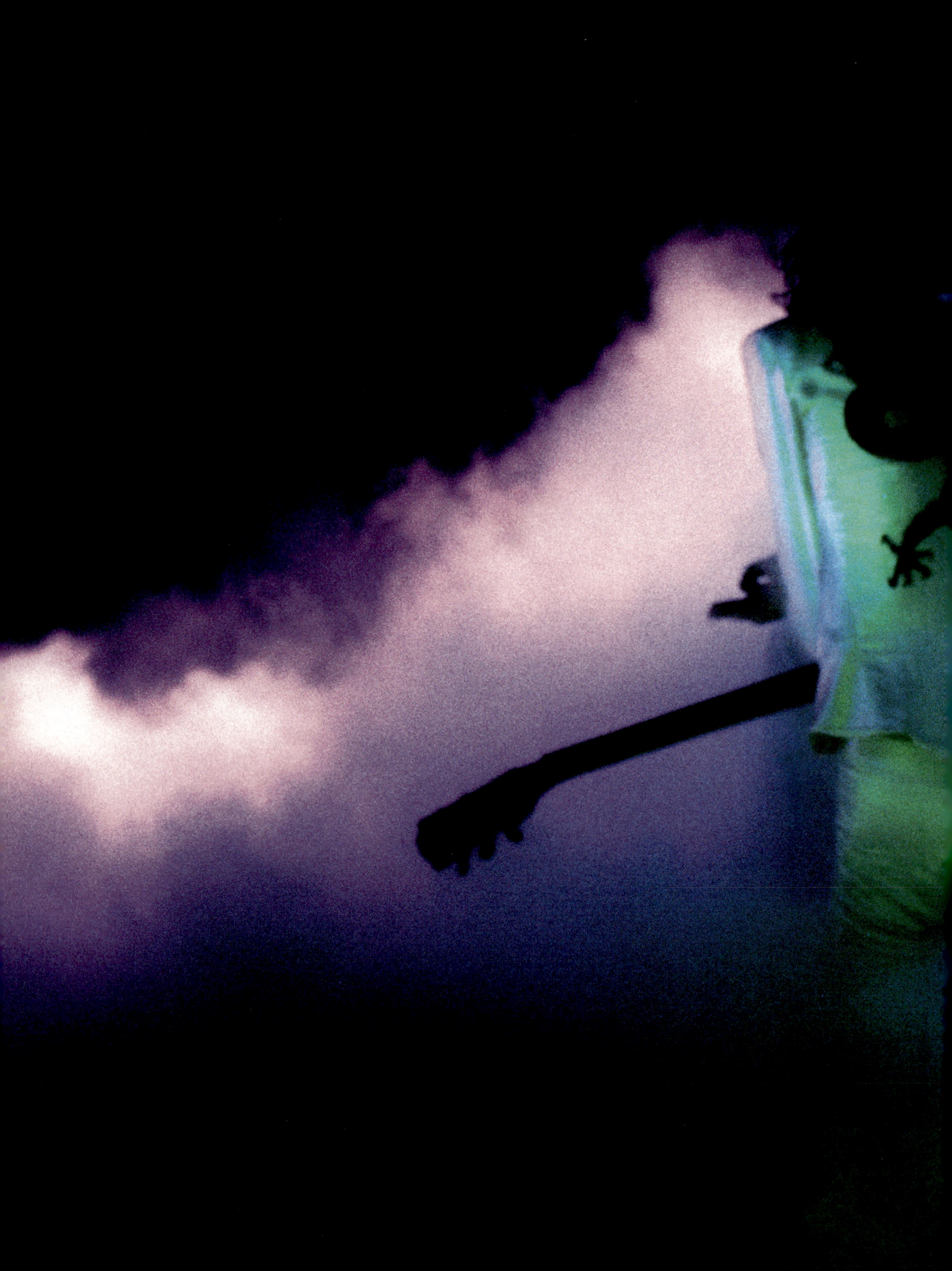

CYNTHIA: Veja, agora a pergunta que eu tenho é, como você capta um momento? Há um instante no início deste livro em que Jimmy está pulando, ele está no ar... você sabe quando um momento desses está prestes a acontecer? Há um sexto sentido em você como fotógrafo pelo fato de ter feito isso tantas vezes em que você pensa "Ok, eu sei que algo especial está prestes a acontecer e eu estou pronto"?

NEAL: Você mantém os olhos abertos e o dedo no botão. É isso que eu faço. Não há uma fórmula para isso. "Ó! O Jimmy está pulando!" bum, bum, bum, e é melhor torcer para que esteja com a lente certa, com a velocidade do obturador ajustada. Não saberia dizer como sei fazer isso. É algo que está dentro de mim, sempre tem sido assim. E se você sabe de música e conhece as canções, sejam elas do Led Zeppelin, Humble Pie, ou Heart, ou qualquer outra banda... ou o Queen... se você conhece a música, você consegue antecipar quando irá surgir alguns dos momentos mais dramáticos ou menos dramáticos. É claro que você fica também à mercê do diretor de iluminação. Sem luz, não há foto.

CYNTHIA: Mas porque você tinha paixão pela música do Led Zeppelin e conhecia a personalidade deles...

NEAL: Mesmo assim isso não diz que o Jimmy Page vai pular no segundo verso de "Rock And Roll". Como fotógrafo, eu tenho de me misturar da forma mais discreta possível, seja de forma física ou de qualquer outra forma. Durante os primeiros dez minutos do primeiro show que estava fotografando para o Led Zeppelin, eu não me atreveria a cruzar o caminho do amplificador do Jimmy e, você sabe, ele iria se virar para o Theremin e lá estaria eu com uma Nikon na sua cara. Você vai até certo ponto. Mas, eu consigo ver suas personalidades. Você acaba conhecendo seus movimentos no palco e acaba descobrindo qual é o melhor ângulo para fotografar e fazer com que a foto se torne mais interessante... e, é claro, você deve estar sempre atento com a iluminação. Eu tenho consciência para onde devo ir para conseguir uma boa foto.

Metropolitan Sports Center, Minneapolis
18 de janeiro de 1975

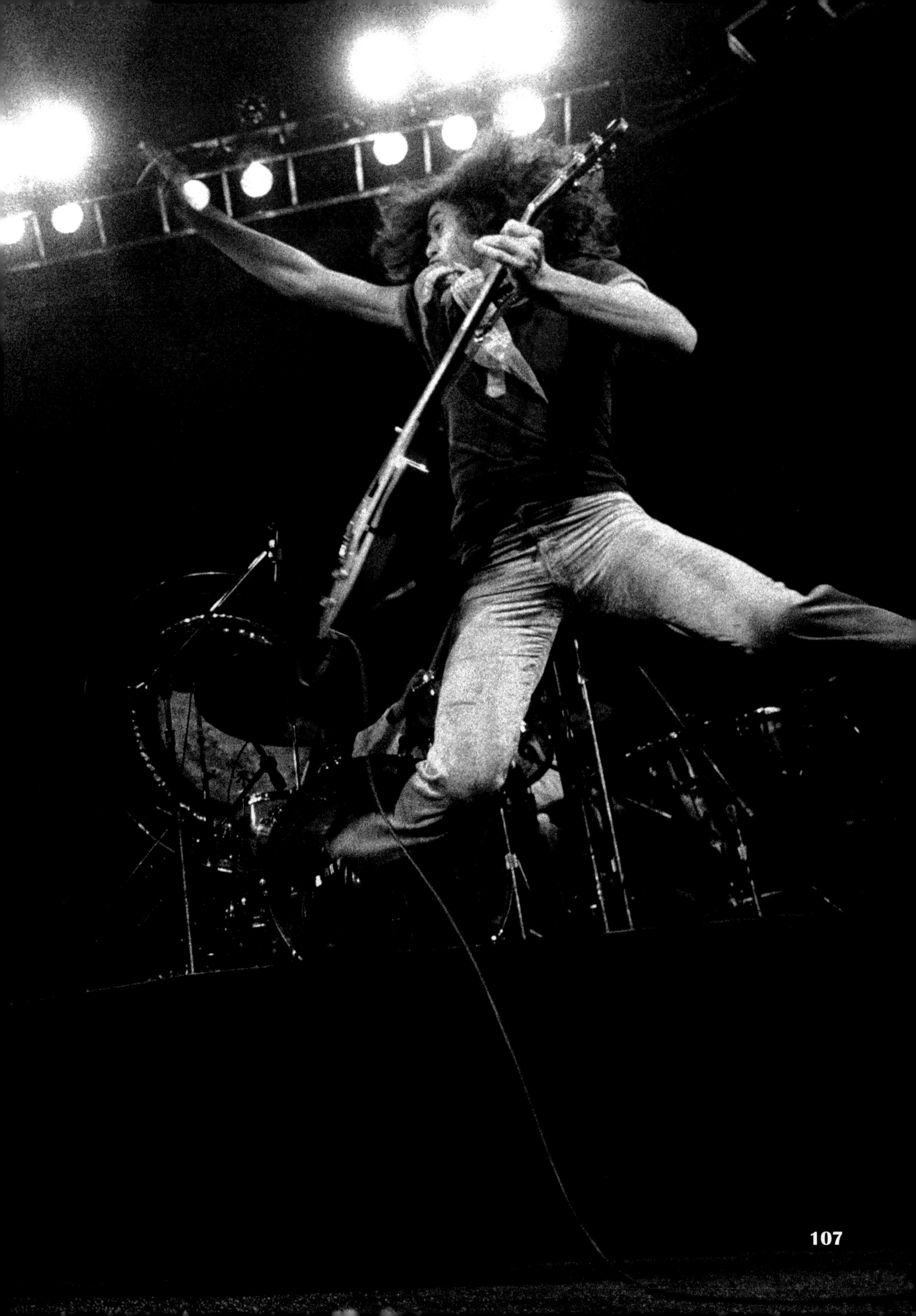

San Diego Sports Arena
28 de maio de 1973

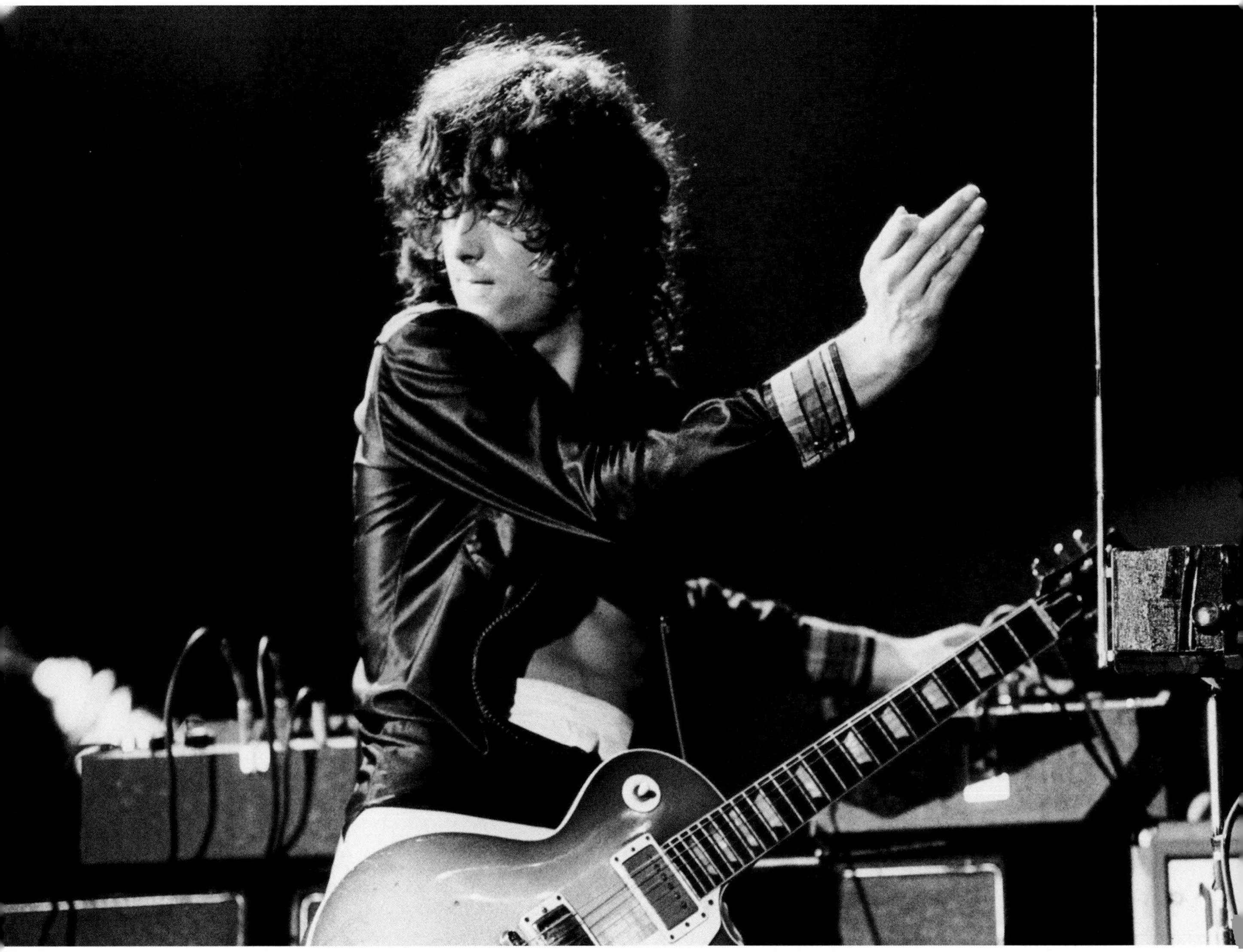

Festival de Knebworth, Inglaterra
4 de agosto de 1979

111

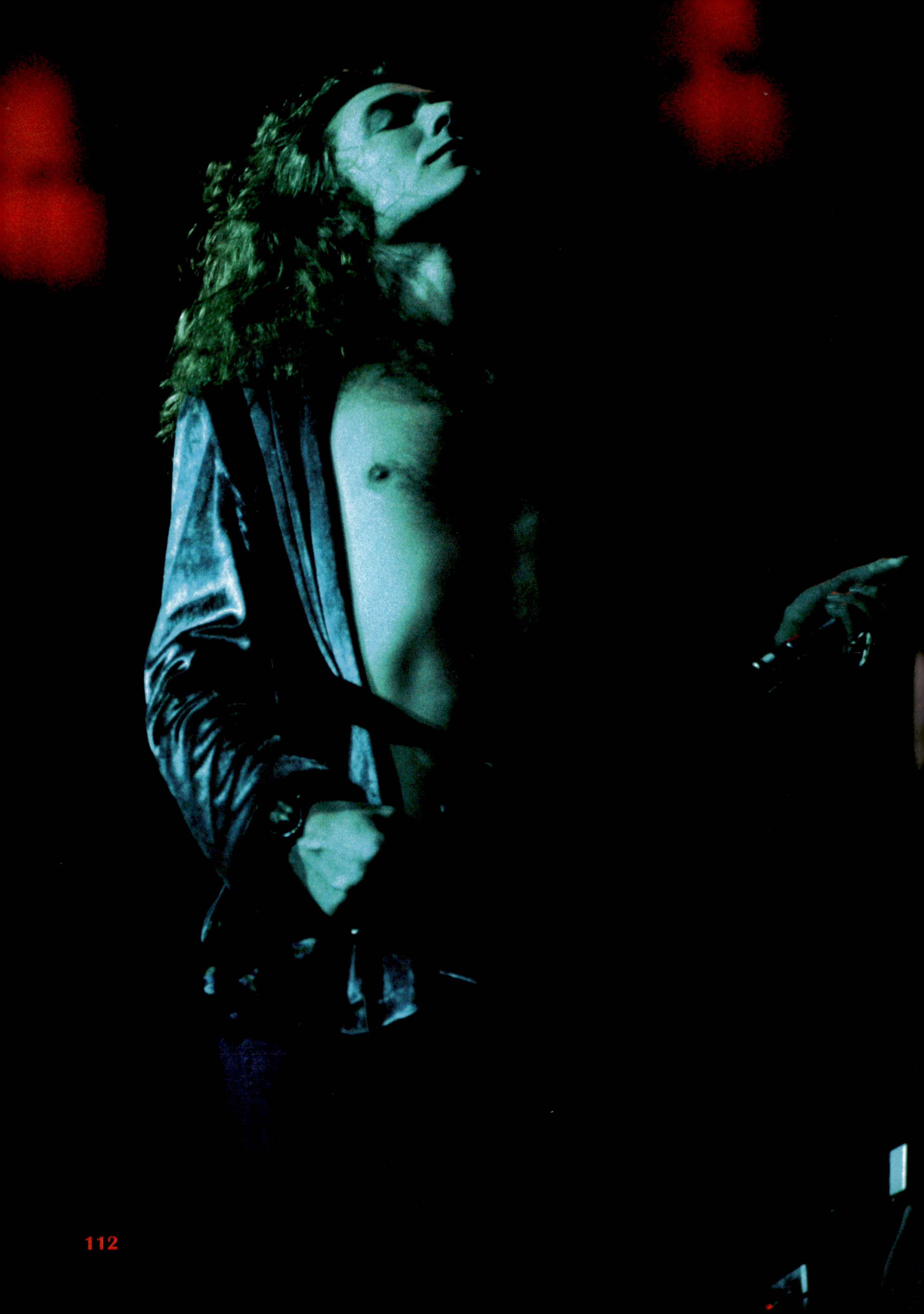

113

114

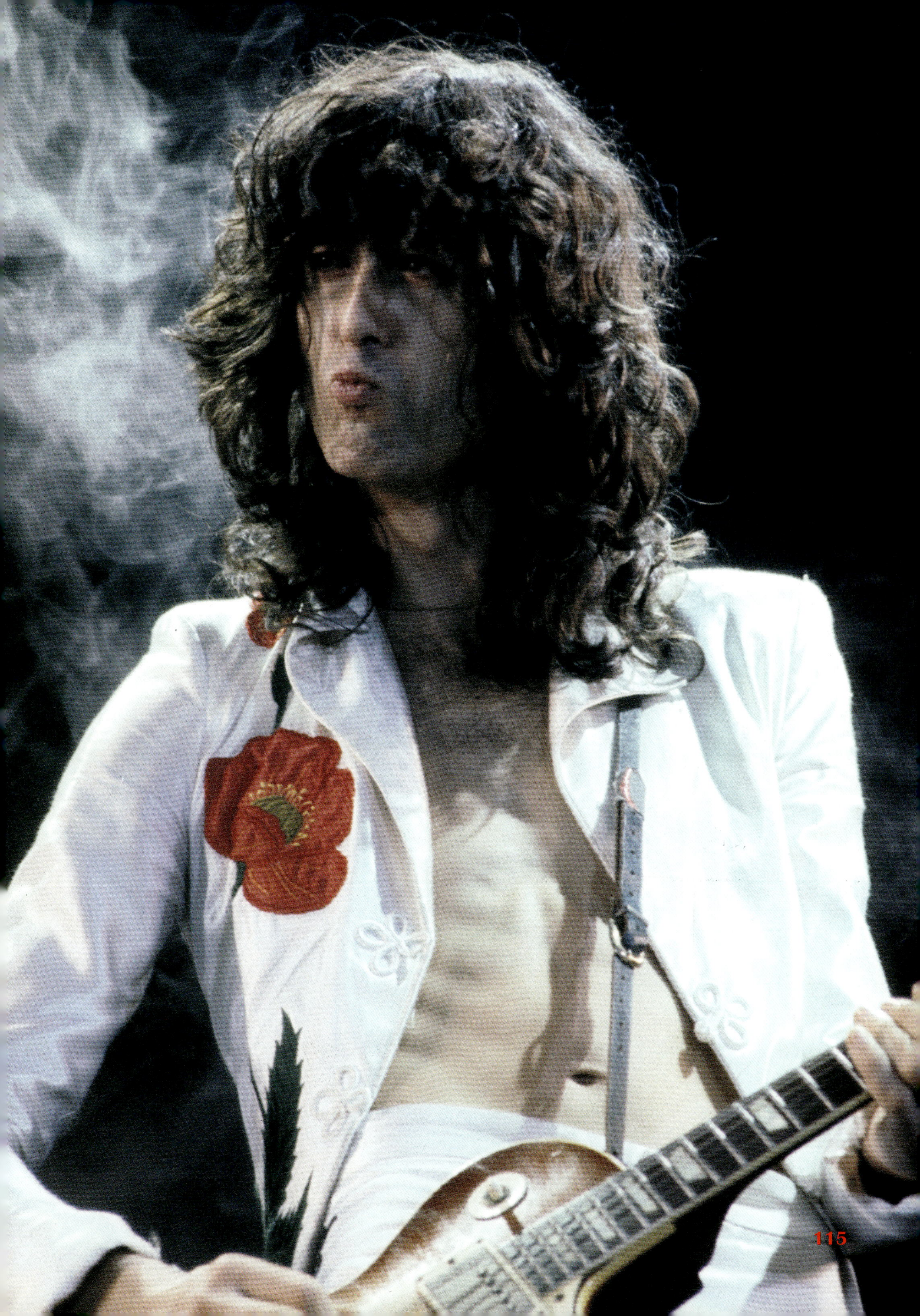

CYNTHIA: Me conta um pouco sobre a tensão que envolvia a banda.

NEAL: Bem, eles eram conhecidos por todo o universo como sendo uma banda fechada, um grupo reservado de pessoas, a ponto de ser comparado com a máfia ou uma sociedade secreta. Eram notórios por confiarem em um pequeno grupo seleto de pessoas e de exibir uma mentalidade do tipo "nós contra o mundo". Isso é algo que eu sempre tive consciência desde o início, e parte do motivo dessa reviravolta para conseguir esse trabalho tinha a ver exatamente com tudo isso.

CYNTHIA: Por que eles confiavam em poucas pessoas?

NEAL: Sim. Exatamente.

CYNTHIA: Então isso leva...

NEAL: à tensão. Diária.

CYNTHIA: Tem razão. E isso leva à sua posição de que você podia fazer parte deste... espaço sagrado... considerando que além do que apenas tirar fotos dos concertos, tinha a ver com o acesso e aquilo que acontece quando lhe é permitido o acesso.

NEAL: Não se trata apenas de tirar fotos, é o que você ouve e aquilo que você vai repetir às outras pessoas, ou o que não vai repetir às outras pessoas. O fotógrafo é um fofoqueiro? Ele se acha mais importante do que a banda? O Led Zeppelin é rodeado de egocêntricos. Eles não precisavam de um fotógrafo no meio deles se achando o máximo.

CYNTHIA: Como testemunho, não se trata apenas do seu talento, como também da sua discrição, saber como ser sensato com as necessidades dos músicos e toda a exigência em torno do ambiente.

NEAL: Não – tinha a ver com as necessidades do *Led Zeppelin*... e eles precisavam que o pessoal deles mantivessem a boca calada. Ponto final. Não estamos falando sobre a banda The Vagrants de Long Island ou o Vanilla Fudge, ou mesmo a sessão de sopros do Tower of Power. Este é o Led *fudido* Zeppelin.

117

Jimmy Page, Ronnie Wood e Peter Grant, Nassau Coliseum
14 de fevereiro de 1975

Joe Walsh e Jimmy Page, Madison Square Garden, Cidade de Nova York 12 de fevereiro de 1975

120

CYNTHIA: E, obviamente, Peter Grant não era do tipo calado quando o assunto era extravasar seus sentimentos para cima daquele que cruzasse essa linha.

NEAL: Nem por um segundo.

CYNTHIA: Graças a Deus que existem pessoas que deixam as coisas bem claras, porque às vezes o próprio músico não tem a capacidade de articular "Você está invadindo o meu espaço. Você precisa sair daqui."

NEAL: Ó, pode acreditar no que vou dizer, conheci músicos que articulavam mais do que um simples "vai se foder" de forma delicada. De qualquer modo, a reputação de Peter chegava antes dele. E a reputação da banda os precedia quando o assunto era permitir que as pessoas se aproximassem ou não.

CYNTHIA: E como você conseguiu se manter discreto e fazer com que eles gostassem de você. Eles gostavam da sua vibração. Você pegou leve com eles. Eles se sentiram confortáveis.

NEAL: É um nível de conforto. De fato, eu não sabia se eles gostavam de mim ou se me odiavam. Tudo o que eu sei é que me deram acesso. Tirei ótimas fotos e evitei causar qualquer tipo de incidente em que precisasse ser reprimido... Acabei sendo reprimido uma ou duas vezes. Essas são histórias interessantes que não vou entrar em detalhes agora.

Aeroporto de O'Hare, Chicago
17 de abril de 1977

CYNTHIA: Vamos falar sobre fotos específicas. De cara eu preciso perguntar sobre a famosa foto do Robert Plant segurando uma pomba. Como foi que isso aconteceu?

NEAL: Bem, para começar, era uma pomba de verdade. Algumas pessoas me perguntaram se era falsa. Eu estava no palco no Kezar Stadium, em São Francisco, em 1973. Era um evento ao ar livre durante o dia. Atrás da bateria do Bonzo, havia uma gaiola enorme com uma dúzia de pombas brancas que iriam ser soltas no final de "Starway To Heaven". Eles as soltaram e uma delas voltou e foi direto pousar na mão do Robert enquanto ele estava parado. Foi muita sorte eu estar parado bem na posição onde ele estava na minha frente e aconteceu de ter a lente certa na câmera e, bingo.

CYNTHIA: É incrível.

NEAL: Uma vez eu disse a uma pessoa que a foto não teria dado certo com qualquer outra estrela do rock segurando aquela pomba, pelo menos não com uma estrela do rock masculina.

CYNTHIA: Como fotógrafo, houve algumas ocasiões em que você tentou fazê-los encenar algo ou pediu que fizessem algo para você? E eles eram abertos para esse tipo de coisa?

NEAL: Algumas vezes com várias bandas aqui e ali, a maioria pedindo para que as pessoas se aproximassem umas das outras no palco para uma foto que eu precisava tirar... Eu fiz uma foto coreografada com uma das maiores estrelas do rock do mundo no palco, e a foto ficou fantástica, mas não foi com o Led Zeppelin. Não me pergunte sobre isso.

Kezar Stadium, São Francisco
2 de junho de 1973

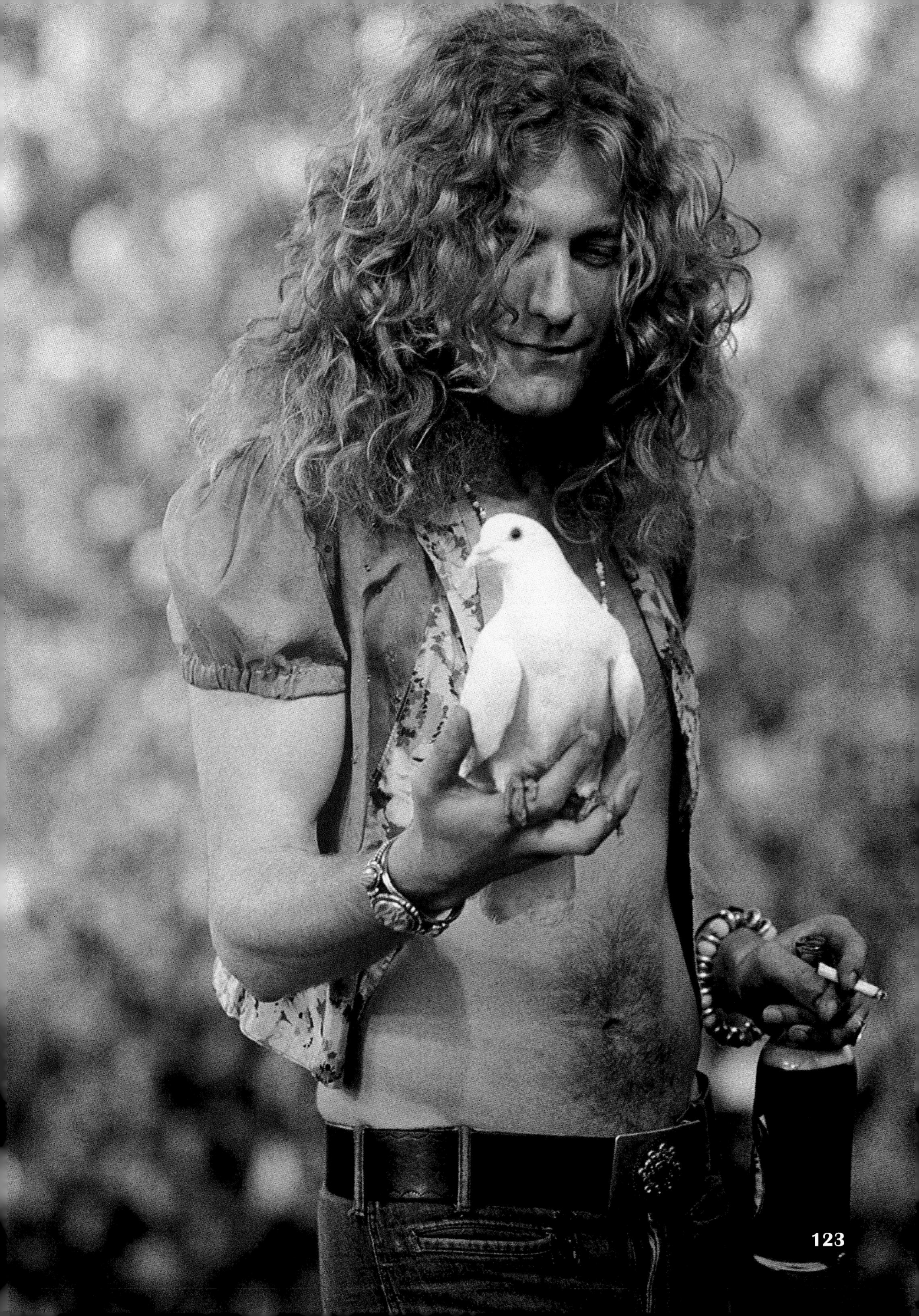

HAPPY BIRTHDAY AMERICA
→9A
→10
→10A
→11
KODAK SAFETY FILM 5062
→14A
→15
→15A
→16
KODAK SAFETY FILM 5062

CYNTHIA: Vamos falar sobre algumas destas fotos do Robert Plant. Então, este é o Robert Plant com um sorvete na mão, parado na frente do caminhão de feliz aniversário. Isso foi 1976?

NEAL: Essa foto é de 1977. O caminhão ainda estava lá. Precisávamos fazer a foto da capa para a revista *Creem* e eu queria fotografá-lo no lago. Danny Markus [o representante da Atlantic na época] nos contou que sabia onde havia um lago, não o Lago Michigan, mas um pequeno em uma propriedade particular. Nós alugamos um carro. Dirigimos 50 milhas saindo de Chicago até chegar em um lago decrépito e infestado de algas e lixo onde tiramos umas fotos por lá, e isso era algo que encontramos no meio do caminho. Mas, a coisa mais interessante que aconteceu nesse dia é que estávamos morrendo de fome e fomos todos comer em um McDonald's, no meio do nada, Robert, eu, uma das garotas do Swan Songs, um amigo de Robert e Danny Markus. Quando entramos no McDonald's todo mundo parou, até as batatinhas fritas pararam de fritar. Eles sabiam que esse cara era importante, mas não tinham certeza de quem se tratava. Ele entrou todo elegante e esbanjando carisma. Finalmente, um garoto se aproximou dele e perguntou: "Você é jogador de futebol?", e ele amou o comentário porque ele é um grande fã de futebol. Robert Plant em um McDonald's em 1977 era um acontecimento muito estranho.

CYNTHIA: Sem dúvida alguma. Ele é um deus dourado nesta outra foto no palco, você acertou em cheio, na iluminação e em tudo. É

Em algum lugar nos arredores de Chicago
8 de abril de 1977

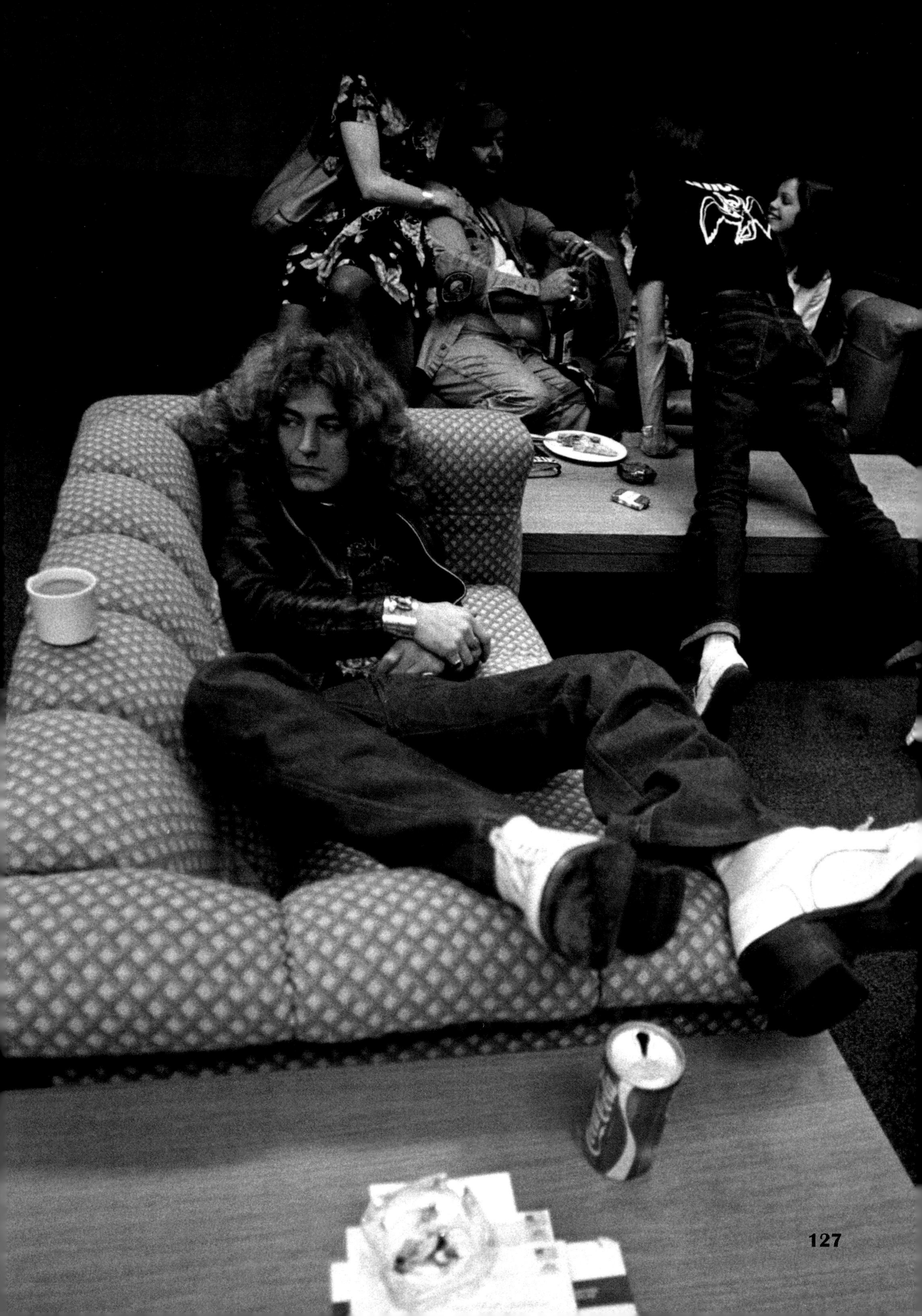

Em algum lugar nos arredores de Chicago
8 de abril de 1977

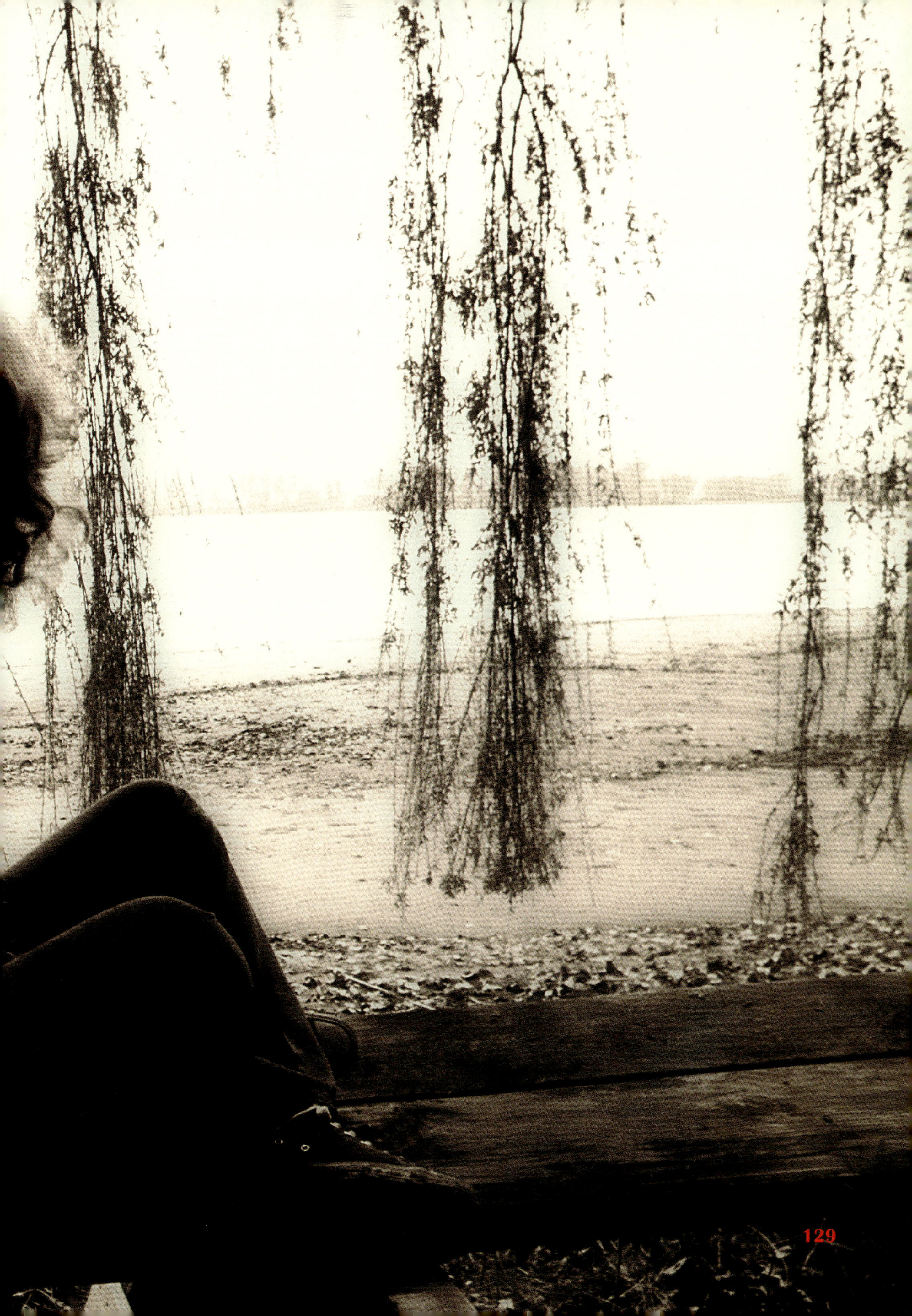

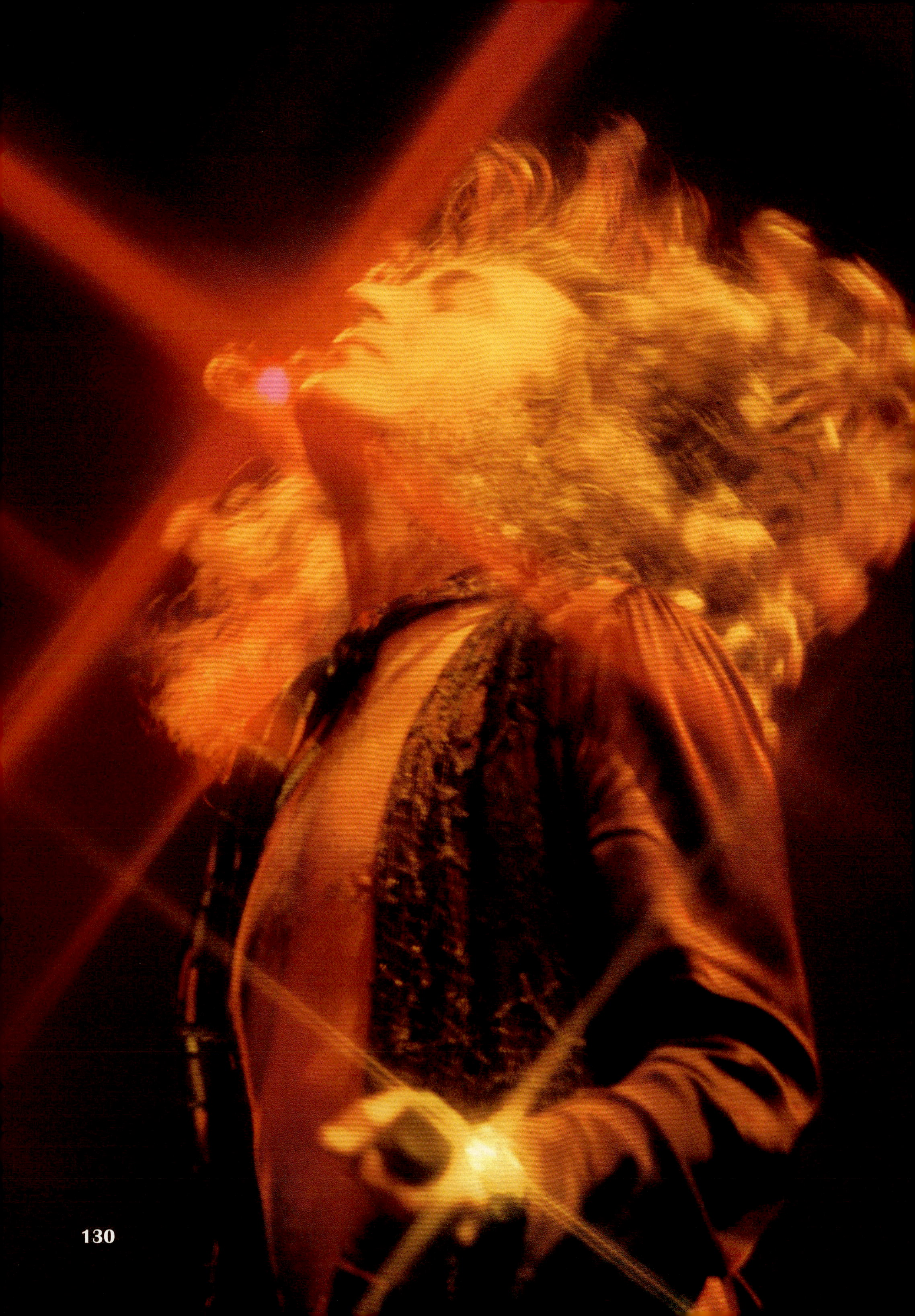

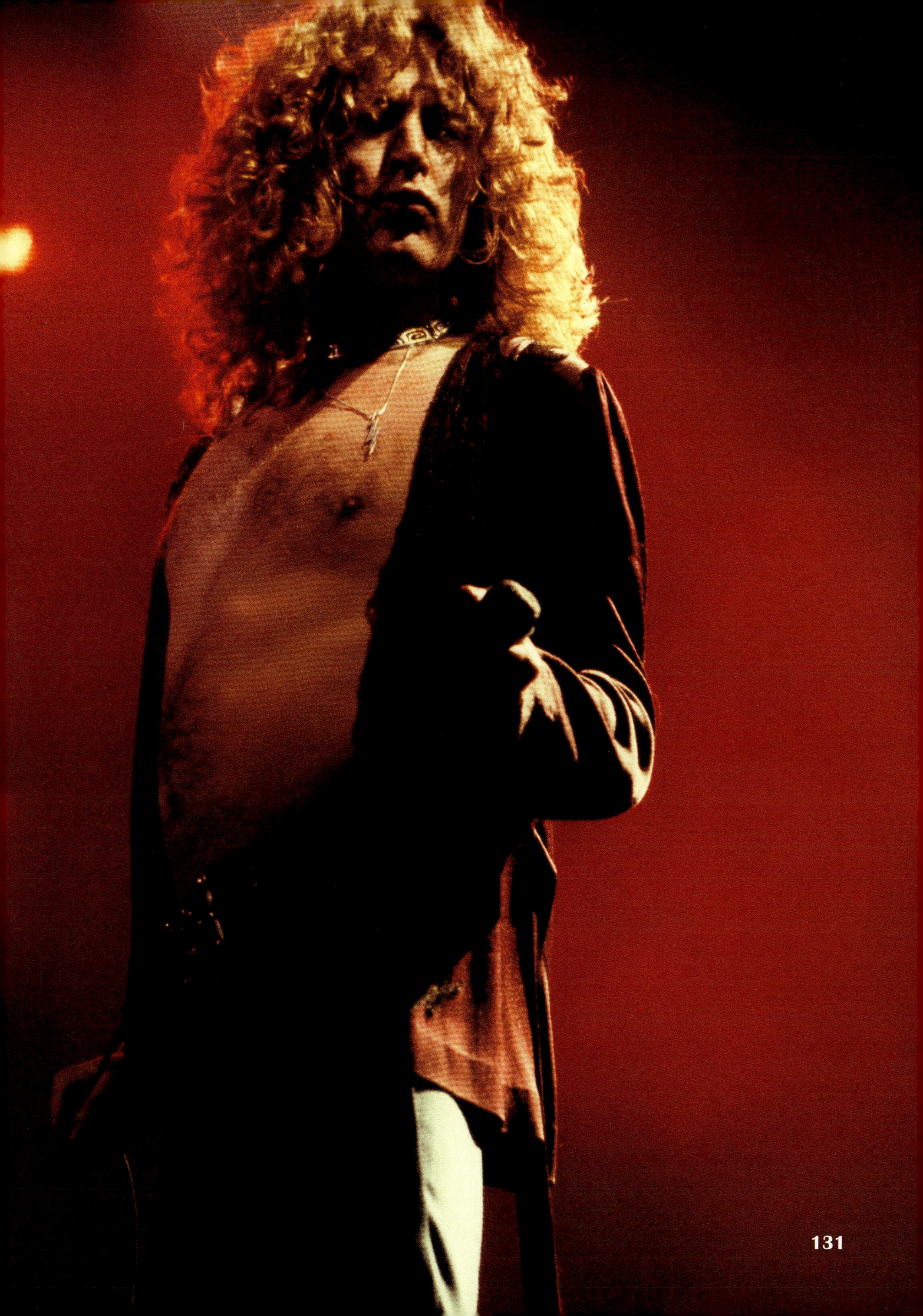

Ambassador East Hotel, Chicago

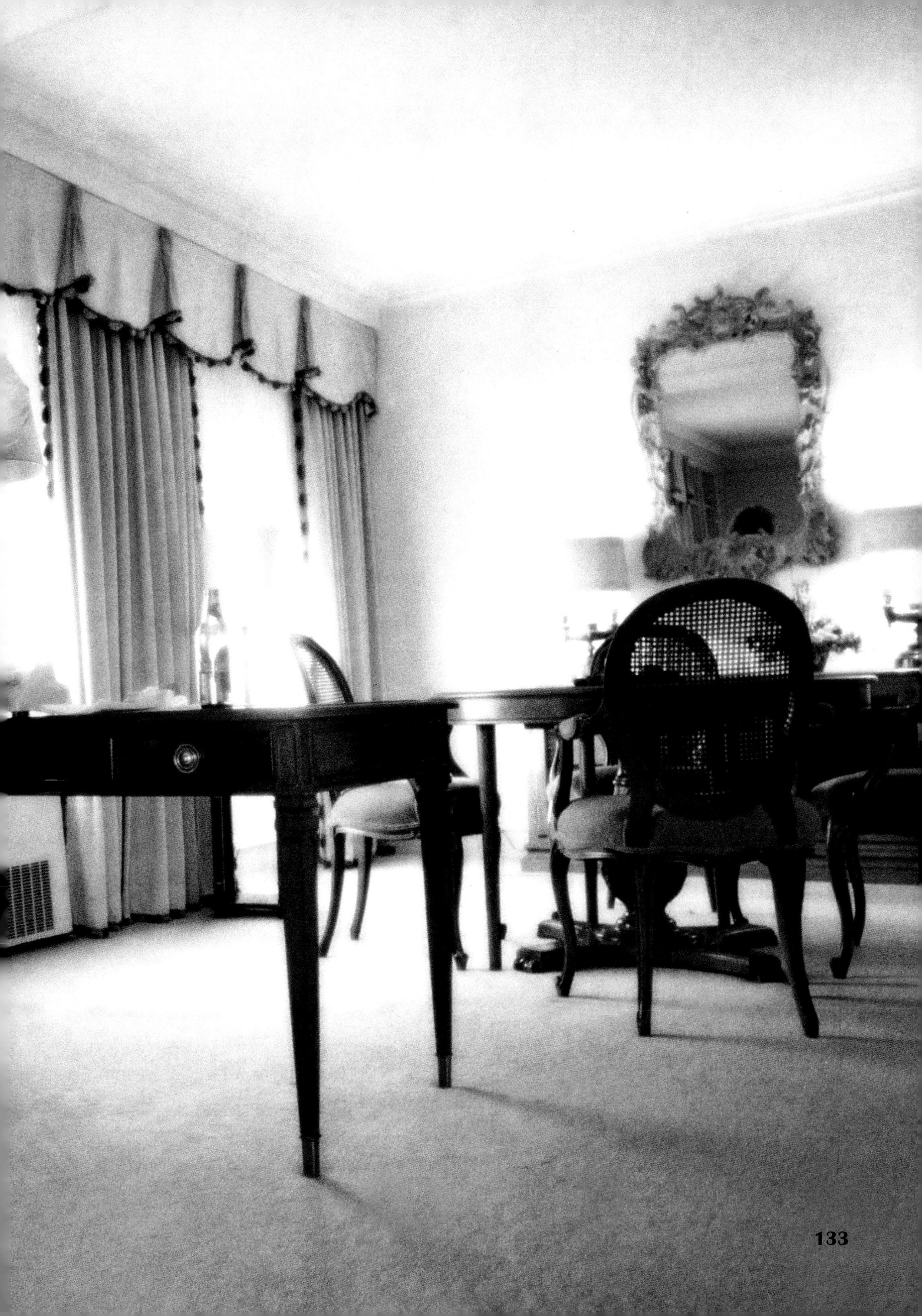

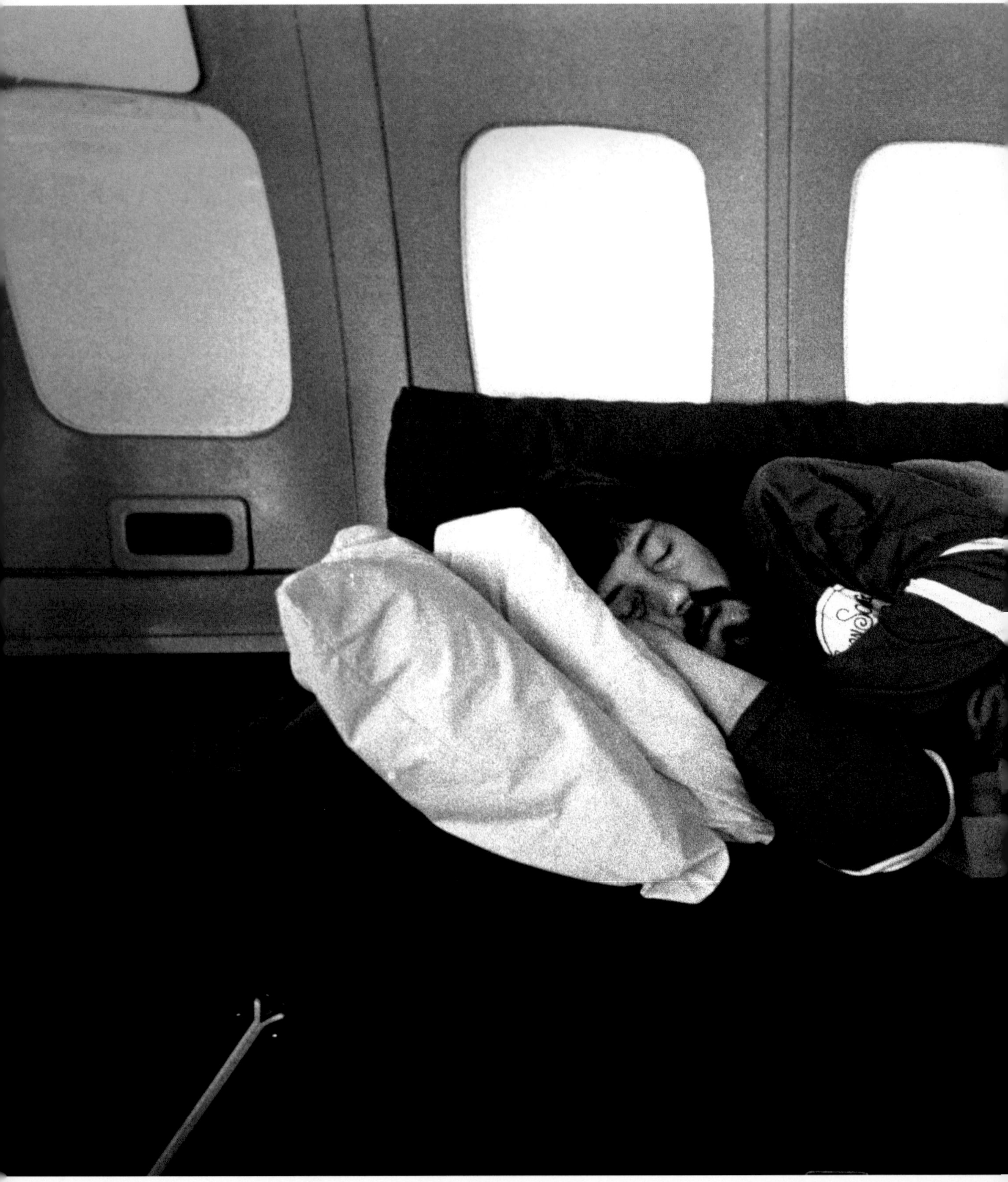

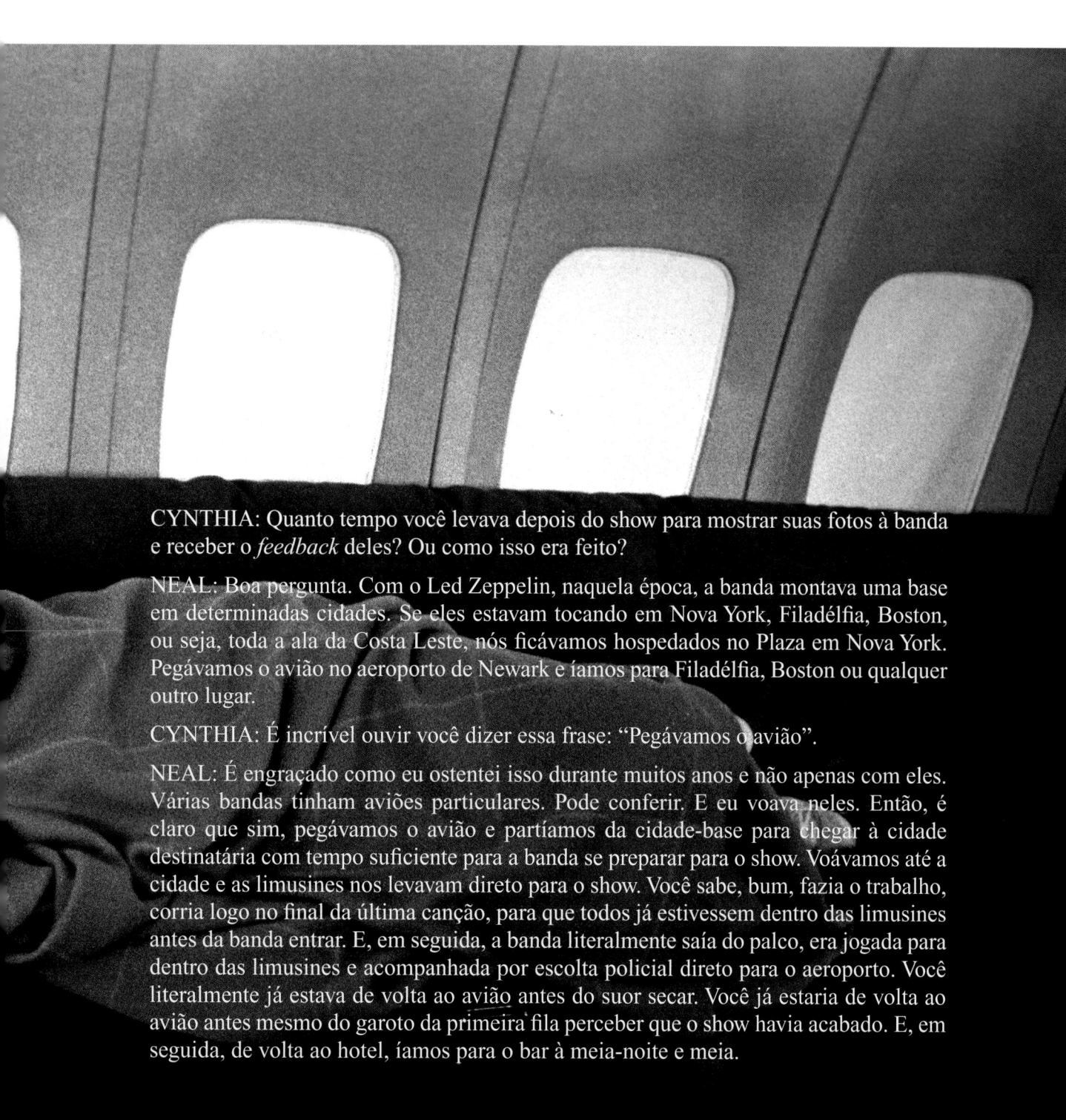

CYNTHIA: Quanto tempo você levava depois do show para mostrar suas fotos à banda e receber o *feedback* deles? Ou como isso era feito?

NEAL: Boa pergunta. Com o Led Zeppelin, naquela época, a banda montava uma base em determinadas cidades. Se eles estavam tocando em Nova York, Filadélfia, Boston, ou seja, toda a ala da Costa Leste, nós ficávamos hospedados no Plaza em Nova York. Pegávamos o avião no aeroporto de Newark e íamos para Filadélfia, Boston ou qualquer outro lugar.

CYNTHIA: É incrível ouvir você dizer essa frase: "Pegávamos o avião".

NEAL: É engraçado como eu ostentei isso durante muitos anos e não apenas com eles. Várias bandas tinham aviões particulares. Pode conferir. E eu voava neles. Então, é claro que sim, pegávamos o avião e partíamos da cidade-base para chegar à cidade destinatária com tempo suficiente para a banda se preparar para o show. Voávamos até a cidade e as limusines nos levavam direto para o show. Você sabe, bum, fazia o trabalho, corria logo no final da última canção, para que todos já estivessem dentro das limusines antes da banda entrar. E, em seguida, a banda literalmente saía do palco, era jogada para dentro das limusines e acompanhada por escolta policial direto para o aeroporto. Você literalmente já estava de volta ao avião antes do suor secar. Você já estaria de volta ao avião antes mesmo do garoto da primeira fila perceber que o show havia acabado. E, em seguida, de volta ao hotel, íamos para o bar à meia-noite e meia.

136

137

CYNTHIA: Mas, é isso que eu não entendo. Quando você revelava as fotos? Você tinha uma câmara-escura no hotel?

NEAL: Não. Eu agendava com um laboratório de revelação em cada cidade-base com uma conta de débito que pagava adiantado. Eu pegava os filmes de cada dia, colocava em envelopes e escrevia as instruções de revelação. [O empresário da turnê] Richard Cole me deixava usar a limusine para ir até o laboratório porque a banda levaria pelo menos uma hora para tomar banho e ficar pronta para sair à noite. Então as limusines ficavam paradas ao redor dos hotéis sem fazer nada. Assim que meus envelopes com os filmes ficavam prontos para serem levados, ele me deixava usar a limusine para ir ao laboratório e eu colocava os envelopes na caixa de entrega do lado de fora, que eles já aguardavam que eu fizesse para que os funcionários do laboratório revelassem assim que chegassem na manhã seguinte. O laboratório montava seis folhas de provas para cada rolo de filme em branco e preto, um para cada membro da banda, um para o Peter e um para mim. Quando eram entregues no meu quarto ao meio-dia do dia seguinte, na maior correria, eu tinha de montar cada colagem e colocar debaixo da porta de cada pessoa. Quanto às fotos coloridas, as transparências prontas eram entregues para mim em caixas e eu as carregava no projetor de *slide*, e passava a noite toda em claro olhando as fotos para fazer as montagens.

CHICAGO D

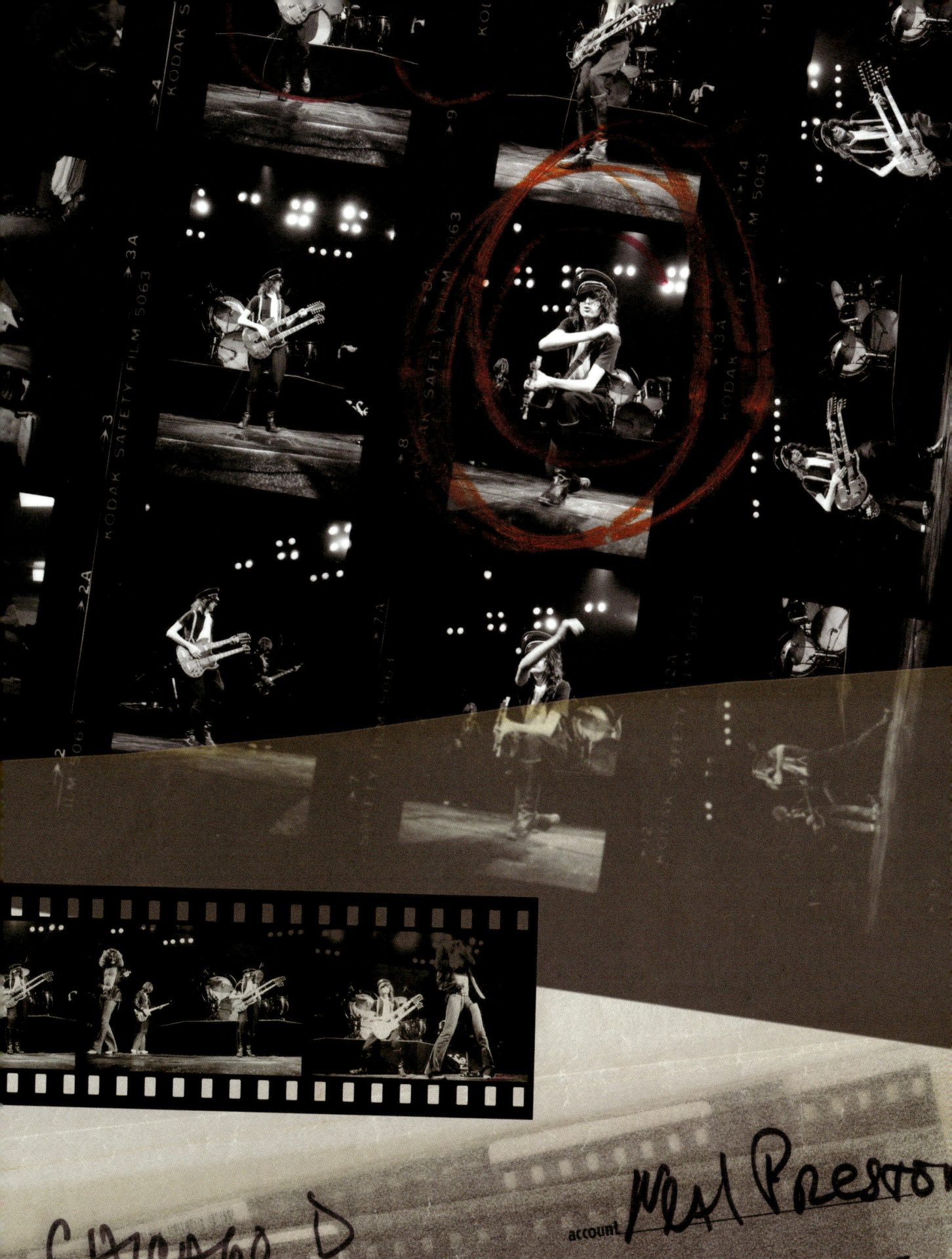

account Neal Preston

roll 20647-5

87872

140

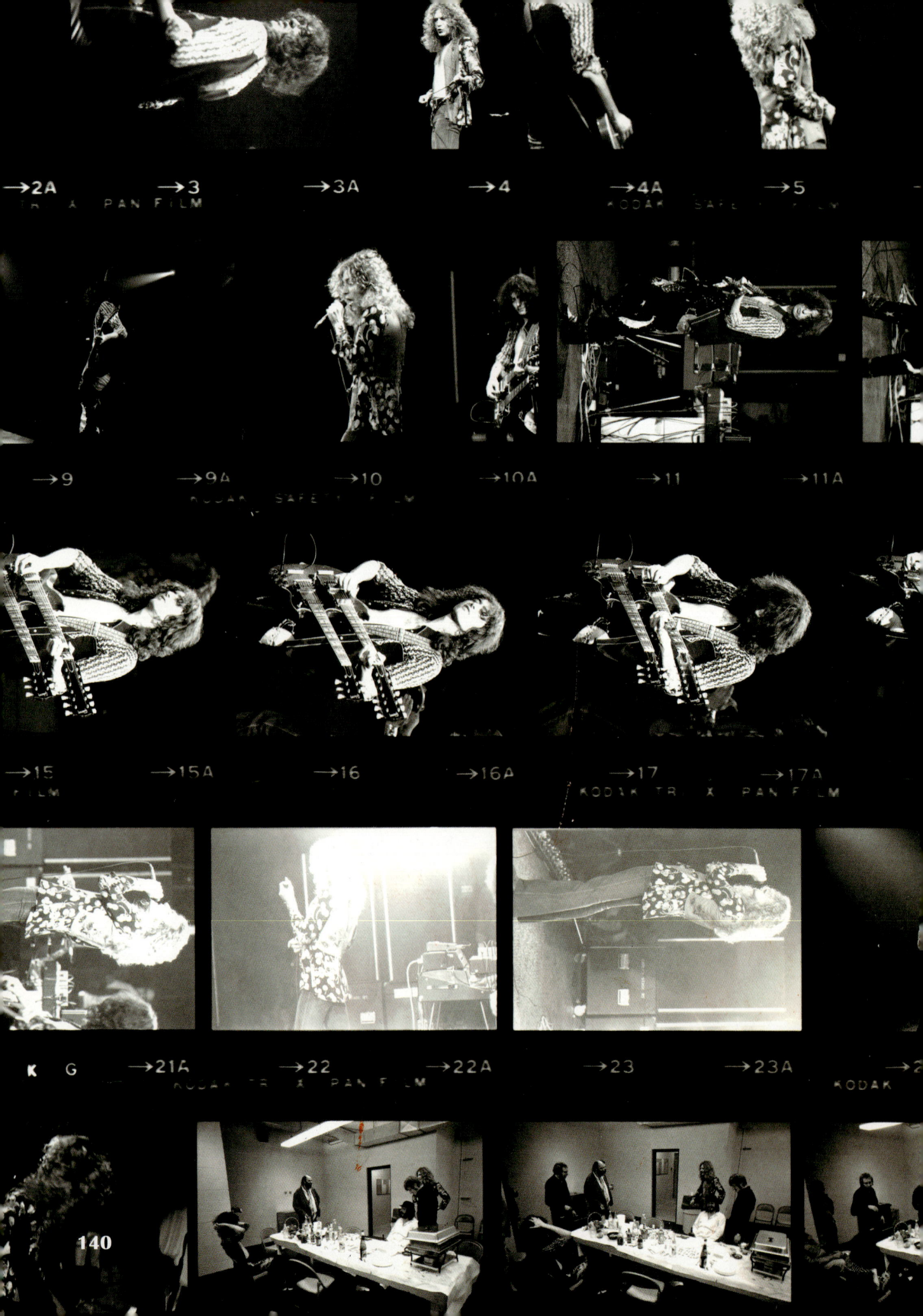

141

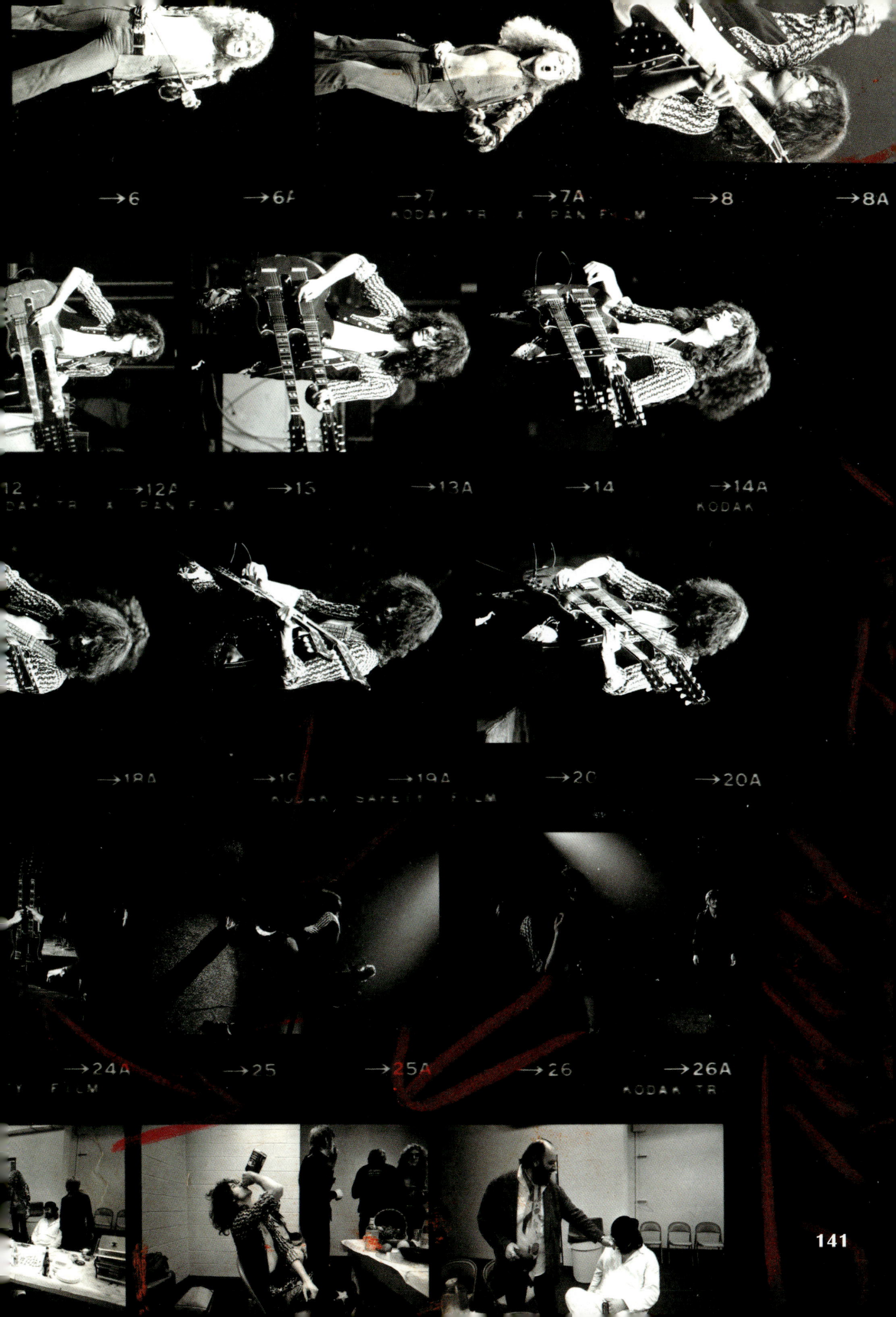

CYNTHIA: Que tipo de *feedback* direto você recebia dos membros da banda sobre as fotos?

NEAL: Você sabe, é muito engraçado. Eu sempre achava que Jonesy e Bonzo nunca olhavam para qualquer uma das provas. Robert fazia algumas anotações, 'Deste jeito. Não desse jeito'. Jimmy fazia poucas anotações, você entende, "rugas". Tudo tinha a ver com rugas e um pouco de barriguinha aqui, "Cuidado com isso. Cuidado com aquilo". Eu tinha também uma pilha de impressões que eles folheavam e diziam "Sim. Não. Sim. Não." Quando você tenta adivinhar por que as estrelas de rock gostam daquilo que gostam e não gostam daquilo que não gostam, é uma batalha perdida. A famosa história, e que é verdadeira, foi que uma noite eu fui mostrar ao Jimmy um monte de *slides* coloridos na sua suíte. Eu tinha bandejas de carrossel enormes carregadas no projetor e era como um pequeno show itinerante. Usamos a parede branca como telão e nos sentamos para ver o show de *slides*. O Jimmy rejeitava todas as fotos belas e puras que eu considerava as mais bonitas e tecnicamente perfeitas. E ele as rejeitava, você entende, dando preferência àquelas com imagens estranhas e fantasmagóricas... Eu nunca consegui entender direito o que ele realmente gostava. Ele parecia que mudava de opinião a cada minuto. Ele queria parecer bonito e glamoroso e, em seguida, preferia um estilo mais estranho, fantasmagórico, sombrio e... eu não entendia as escolhas que ele fazia.

CYNTHIA: Ele estava criando uma figura mística?

NEAL: Eu não sei. Em um determinado momento eu desliguei o projetor e disse: "Diga-me o que você gosta. Dê-me algumas coordenadas porque eu estou ficando perdido". E ele respondeu: "Eu quero poder, mistério, romance e um martelo dos deuses". Essa história acabou virando o *Hammer of The Gods* e se tornou o livro mais famoso sobre eles.

CYNTHIA: Vamos checar algumas fotos do Jimmy – esta aqui é bonita. Eu adoro esta foto.

NEAL: Essa era a capa original do livro *Portraits* sobre o Led Zeppelin. Eu acho que essa foto demonstra uma qualidade romântica.

CYNTHIA: Que tal a foto azulada com gelo seco? Ele está fumando?

NEAL: Ele está fumando um cigarro e olhando diretamente para mim.

CYNTHIA: Ele gostou desta foto?

NEAL: Eu não sei se ele chegou a ver naquela época. Não, porque senão eu teria descoberto mais tarde. Essa foto quando ela é ampliada bem grande... transmite exatamente o que uma pessoa sente quando se está no palco com o Led Zeppelin. E toda a vez que ouço "No Quarter" até hoje eu sinto o cheiro do gelo seco. Eu consigo sentir literalmente o cheiro um tanto ácido e úmido do gelo seco.

Market Square Arena, Indianapolis
17 de abril de 1977

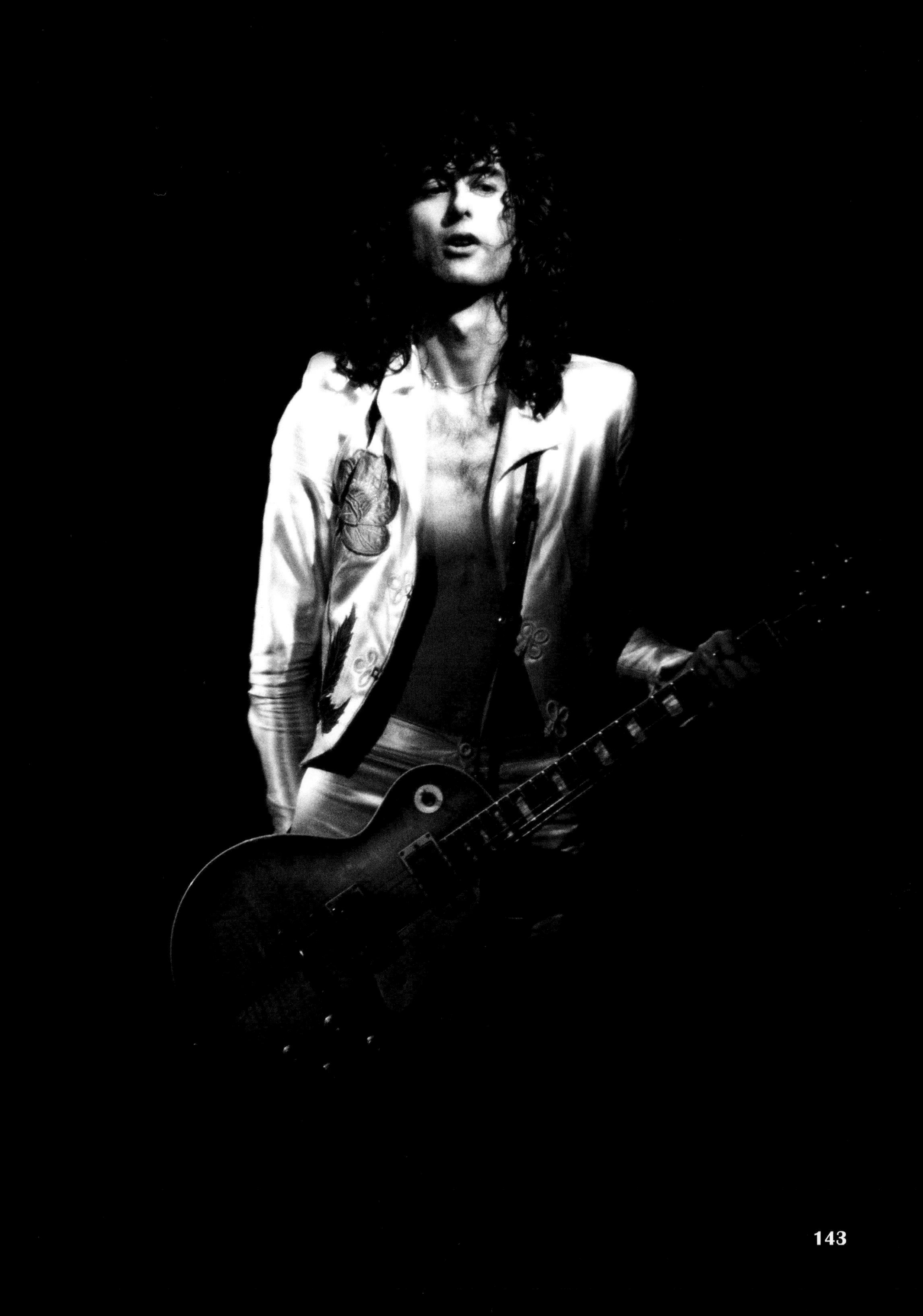

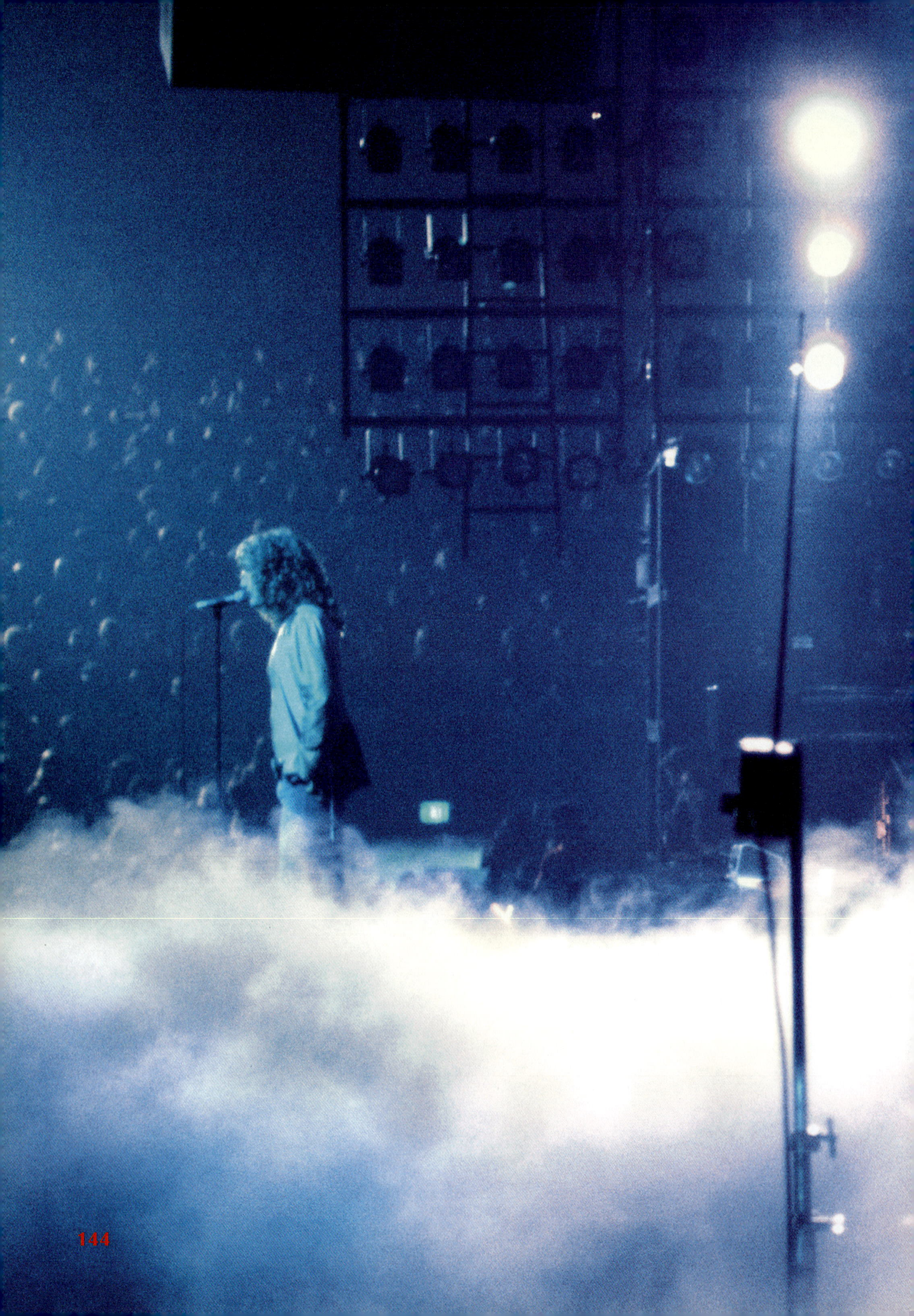

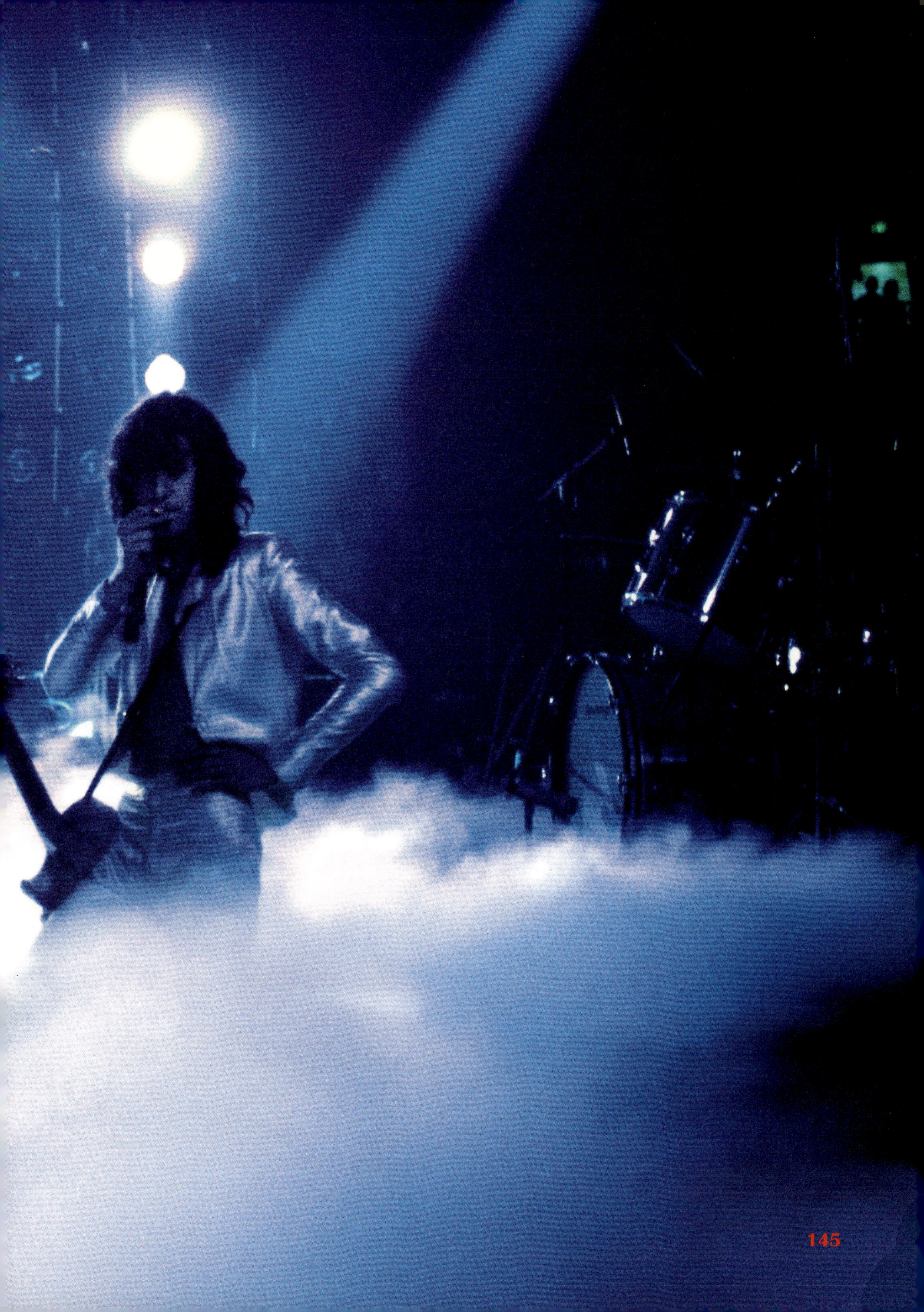

CYNTHIA: Esta é uma noite em que Jimmy se vestiu de soldado?

NEAL: Sim, apenas uma noite.

CYNTHIA: Você sabe por quê?

NEAL: Não, quero dizer que ele usou mais de uma noite. Ele usou no palco apenas uma vez. De vez em quando ele chegava nos shows trajando esse uniforme, mas não saberia dizer porque ele usou no palco uma única vez, e ele já havia falado para mim e para outros que eram as fotos favoritas dele no palco. Ponto final...

Eu não sei o que isso tem a ver, você terá de perguntar ao Jimmy. Mas, qualquer foto dessas que você ver ao redor do mundo dele no palco trajando esse uniforme é minha fotografia. A foto é minha ou uma fraude da minha foto, ou uma reprodução ilegal. Eu fui a única pessoa a tirar foto desse show.

CYNTHIA: Nunca houve uma explicação clara sobre por que ele o usava?

NEAL: Eu não sei porque ele usava, não sei porque ele não usou de novo, não sei onde ele o comprou, não sei porque ele o tinha e porque usou apenas naquela noite. Você terá de perguntar a Jimmy sobre isso.

Tudo o que eu sei é que os fãs adoravam.

Chicago Stadium
7 de abril de 1977

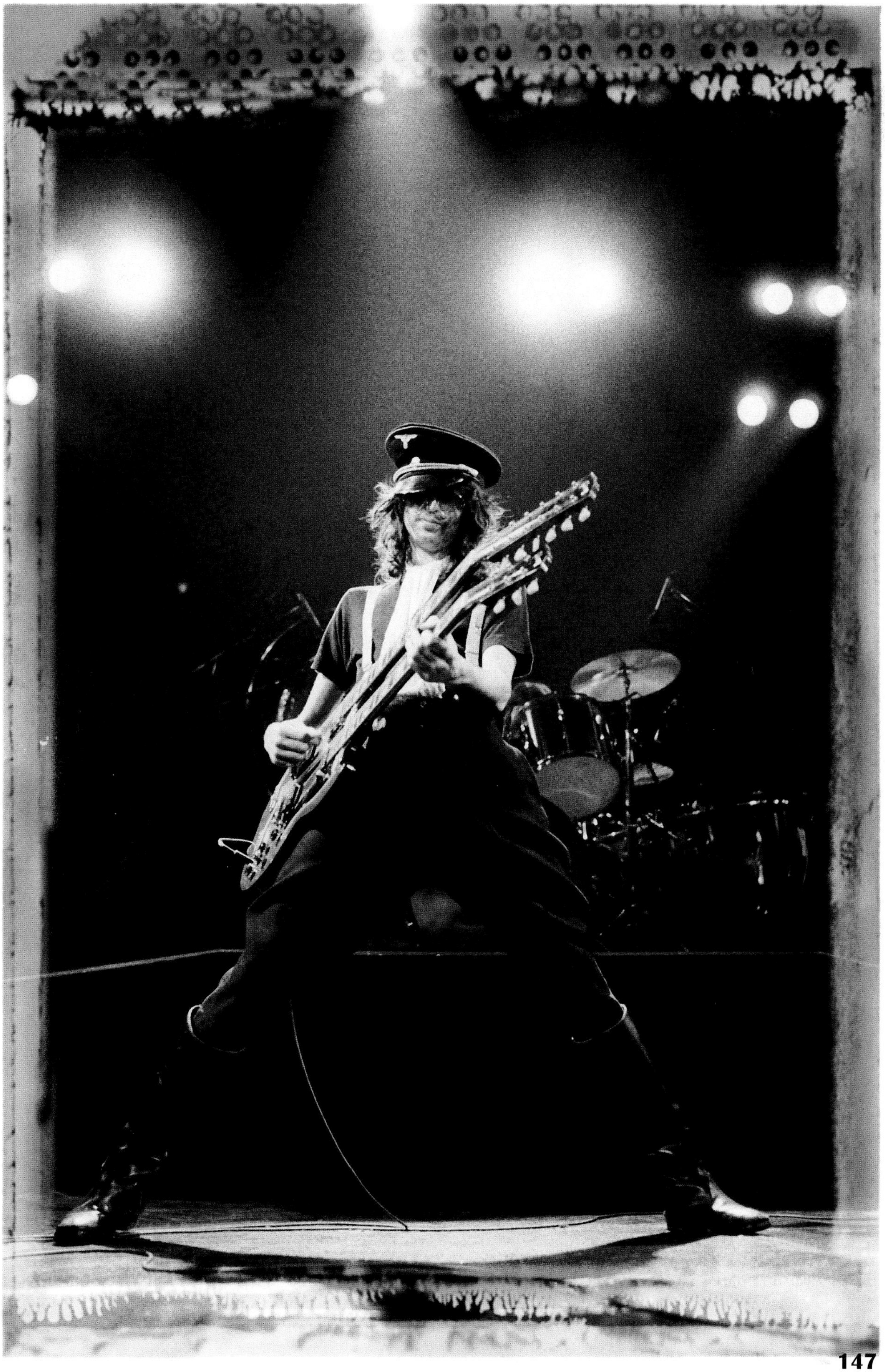

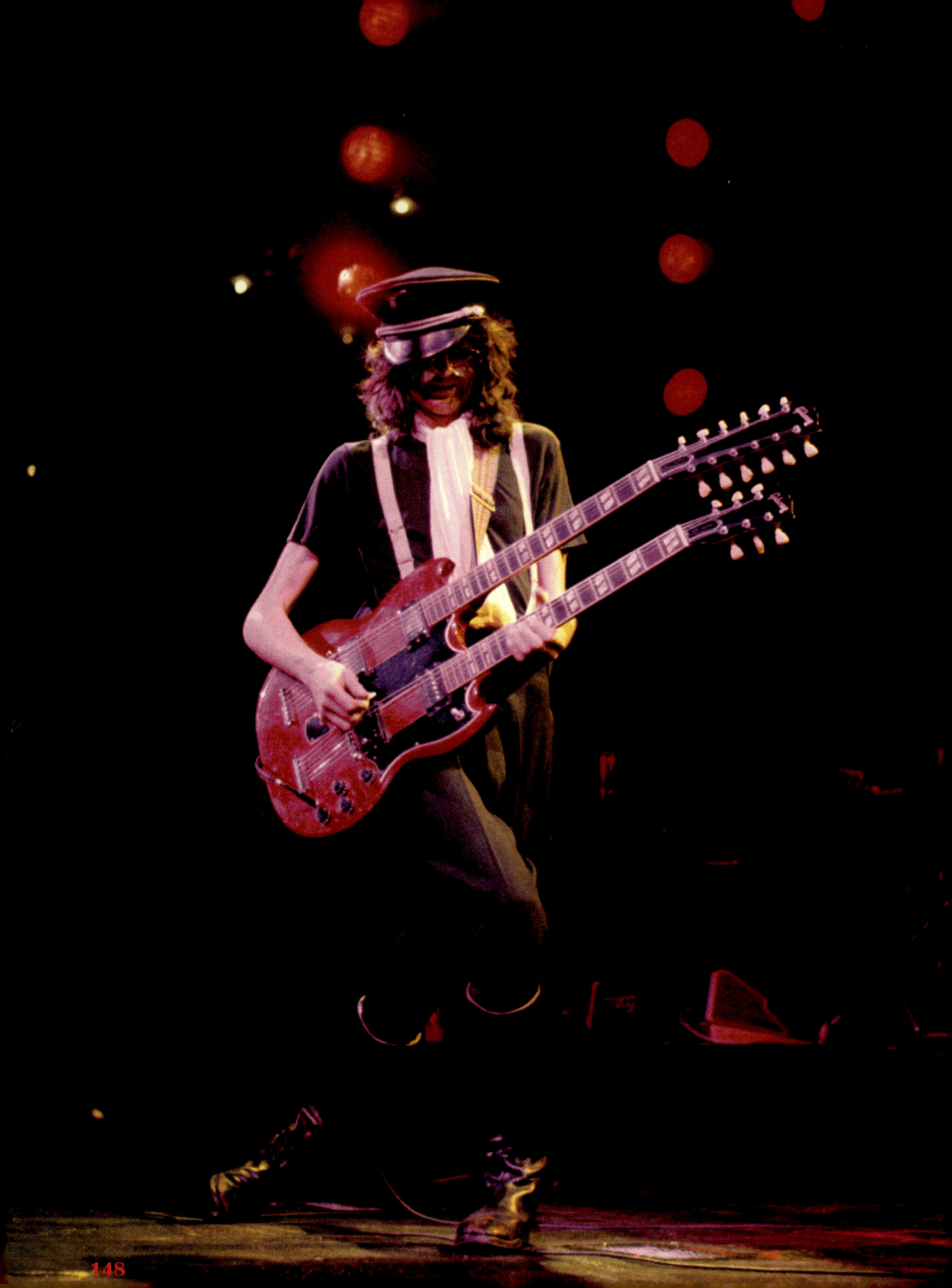

149

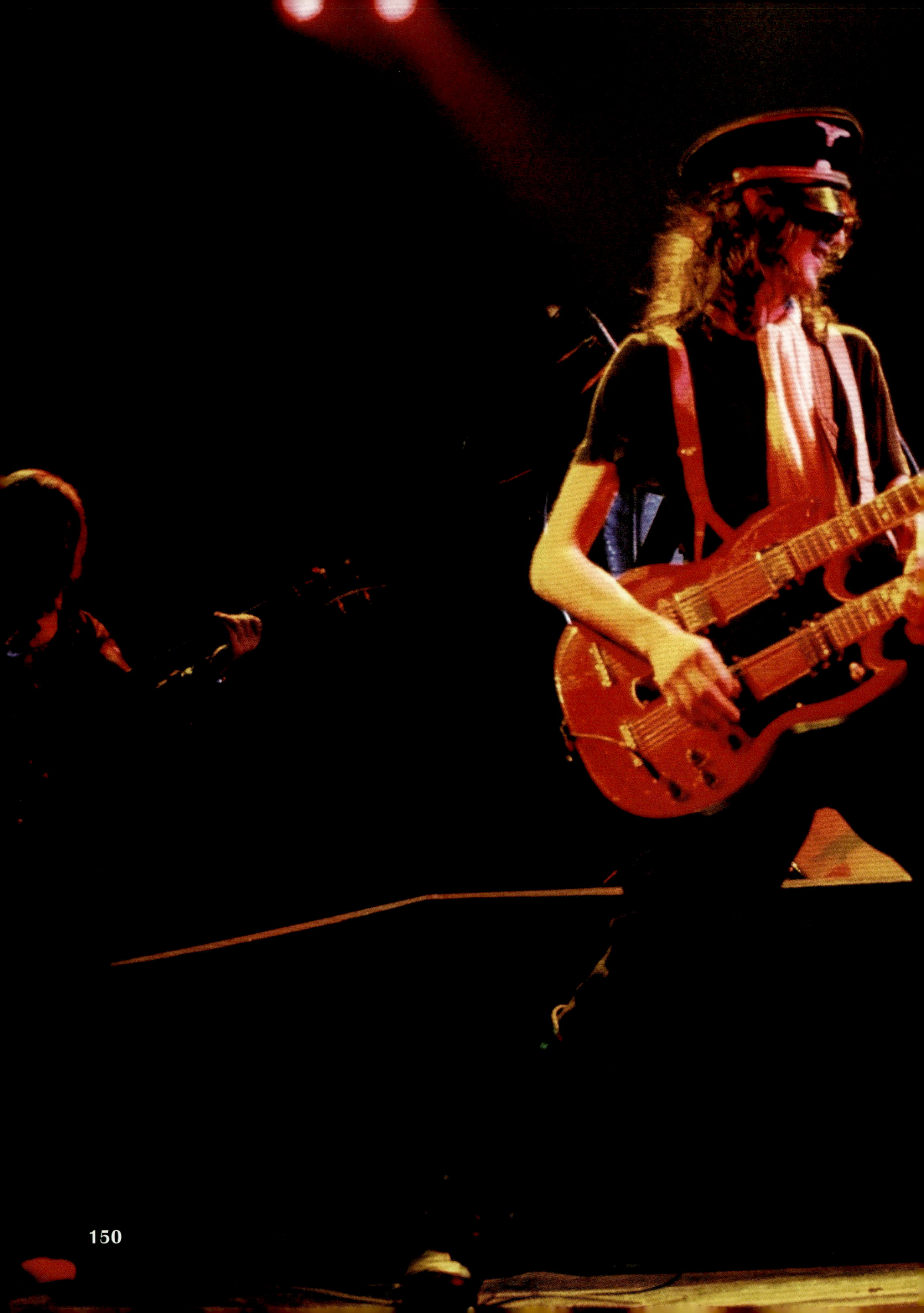

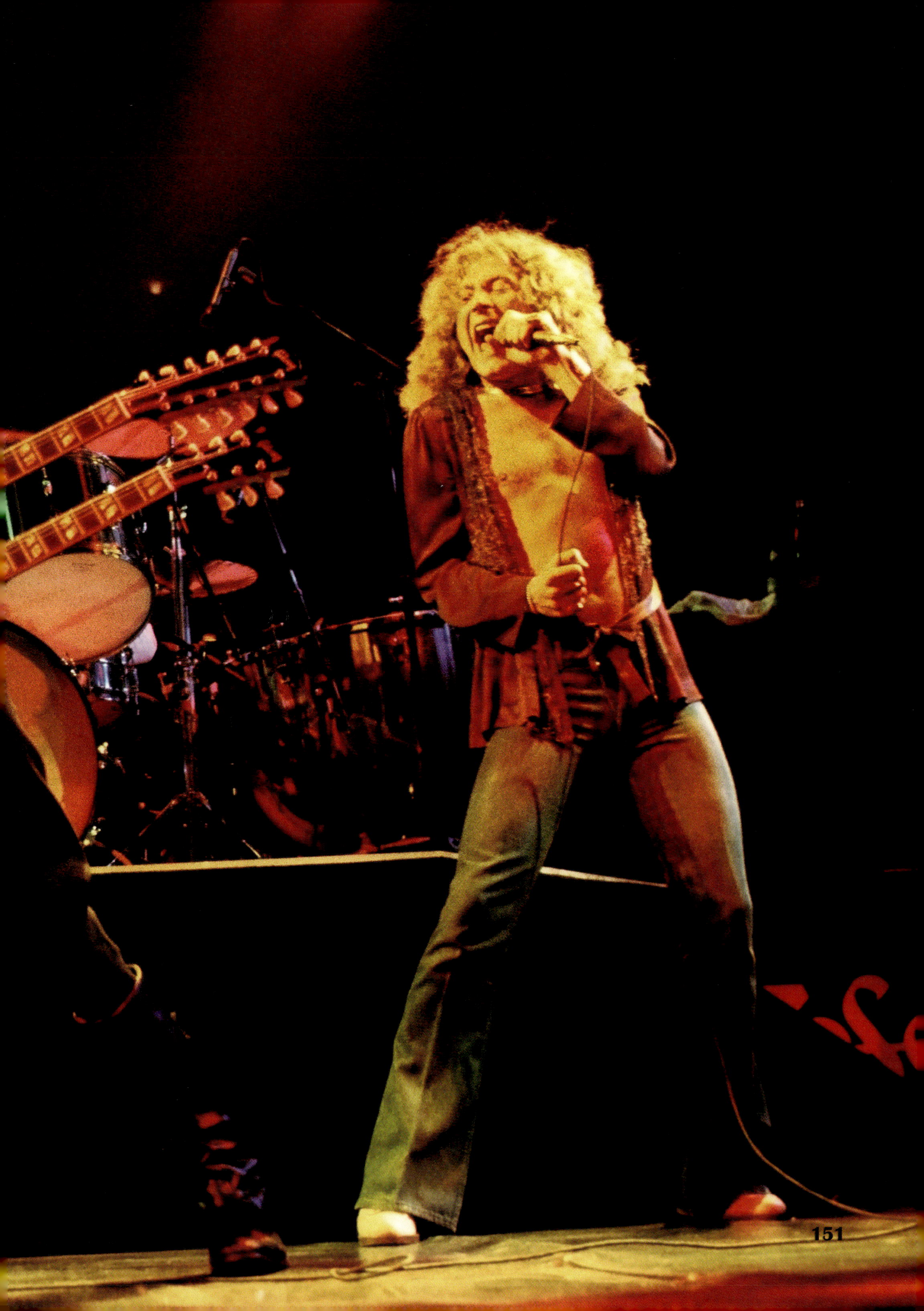

Festival de Knebworth, Inglaterra
4 de agosto de 1979

152

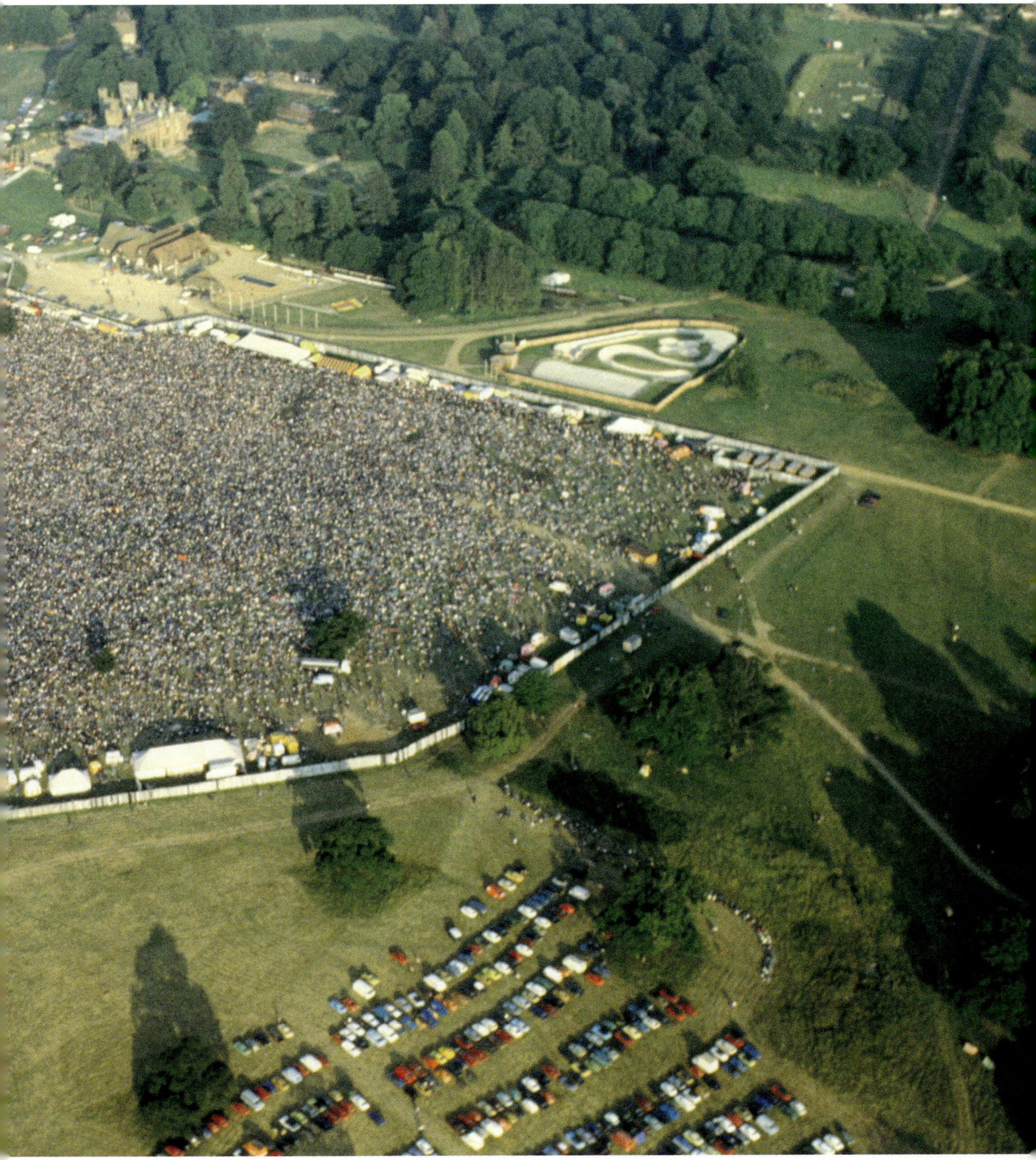

Festival de Knebworth, Inglaterra
4 de agosto de 1979

CYNTHIA: Fale-me sobre Knebworth.

NEAL: Vou lhe contar uma história engraçada sobre Knebworth. Há uma foto do Jimmy no helicóptero. O motivo de eu estar ali fotografando enquanto ele estava voando era porque eu tinha voado de helicóptero depois que Jimmy tinha desembarcado dele. O cara das relações públicas da banda tinha me pedido para ir de helicóptero tirar fotos da multidão. Peter tinha falado para ele me pedir e eu disse: "Não tem problema. Vamos!" Então, eles me levaram até o heliporto provisório bem no instante em que o Jimmy estava chegando. Eu seria o próximo a embarcar naquele helicóptero. Depois que ele aterrissou e liberaram as hélices, eu subi e fui. Foi incrível. Passamos duas vezes sobre a multidão. Eu amei aquilo. Eu adoro tudo o que voa, então eu me senti nas nuvens...

No final daquela semana me pediram para guardar os negativos de forma segura e que me falariam o que era para fazer com eles. Não era um procedimento normal, mas soava um tanto estranho. Não deu outra, cerca de dois meses depois eu estava de volta em Los Angeles e recebi uma ligação da Shelly, da Swan Songs em Nova York. Ela disse: "Você ainda tem aqueles negativos, certo? As fotos aéreas da multidão em Knebworth?" "Sim", eu disse a ela. "Vai passar um cavalheiro amanhã à tarde na sua casa. Você vai estar em casa? Senão, quando é que você vai estar em casa?" Eu disse: "Claro, eu vou estar em casa". "Você vai entregar a ele os rolos de negativos. Sem fazer pergunta alguma".

No dia seguinte, exatamente na hora marcada, um cidadão de terno aparece na minha porta e diz: "Olá, Senhor Preston. Em vim buscar o envelope com os negativos". Eu entreguei o envelope ao cidadão e ele se foi. Não tinha a mínima ideia do que estava acontecendo, fiz exatamente do jeito que me pediram.

Descobri mais tarde que o Peter achava que o empresário estava tentando sacanear com a banda no número de público presente. Então ele me fez ir até lá em cima para tirar fotos da multidão. Eles pegaram os meus negativos e fizeram umas impressões enormes. Aparentemente, a NASA (isso foi em 1979) tinha acabado de aperfeiçoar um tipo de *software* que podia fazer uma enorme impressão de grande aglomerado de pessoas, dividir quadros da multidão em quadrantes e, em seguida, obter a informação visual da foto usando um computador e assim chegar a um número de quantas pessoas apareciam em cada quadrante e, multiplicando por quatro, eles conseguiam estimar quantas pessoas haviam na foto inteira. Assim, é claro, Peter descobriu que o empresário estava enganando a banda sobre a quantidade de ingressos vendidos. Eu me lembro que eles abriram um processo sobre o assunto e eu acho que eles ganharam a causa. E era por isso que ele queria que eu tirasse fotos da multidão. Ele estava pensando na frente.

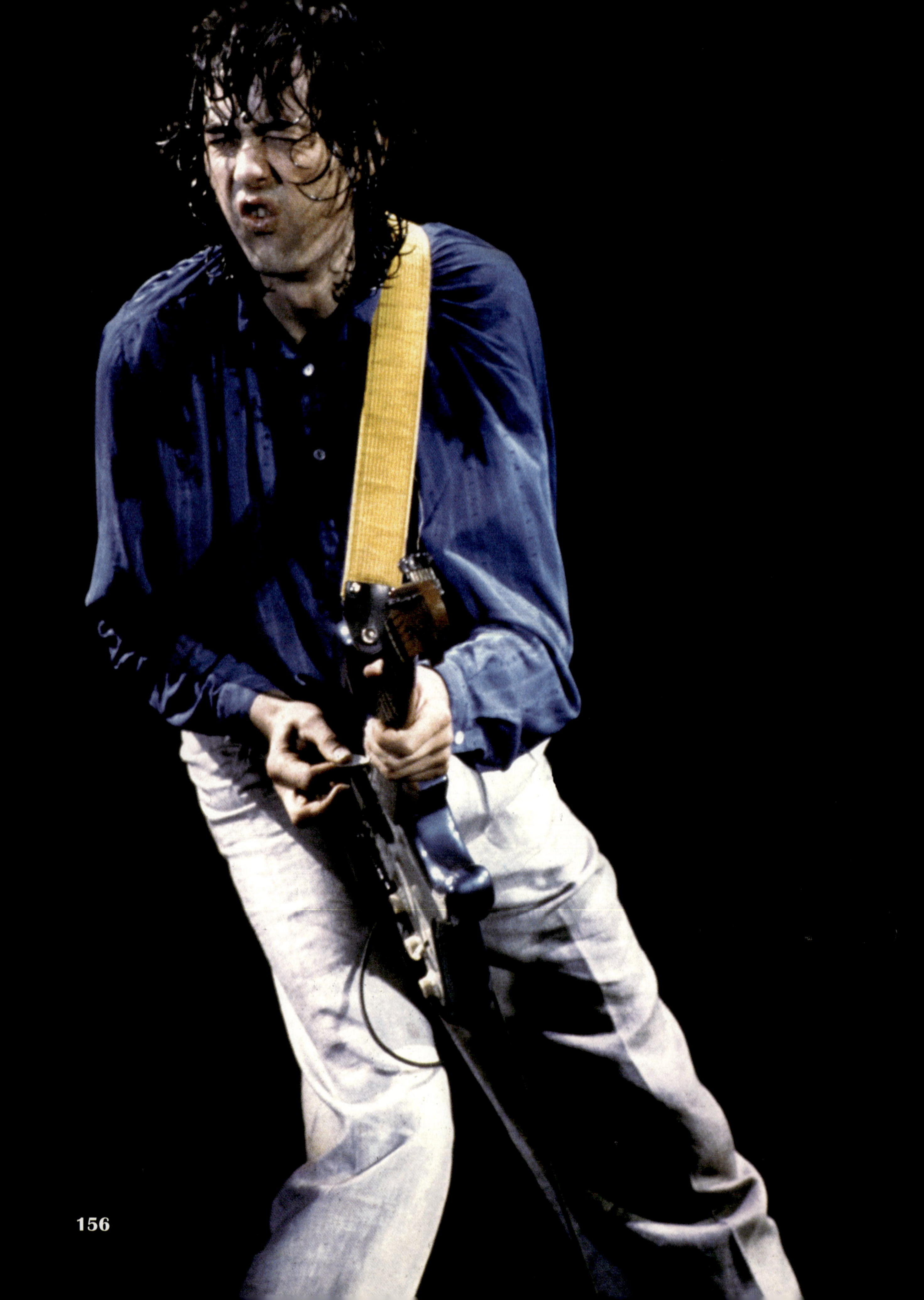

157

Festival de Knebworth, Inglaterra
4 de agosto de 1979

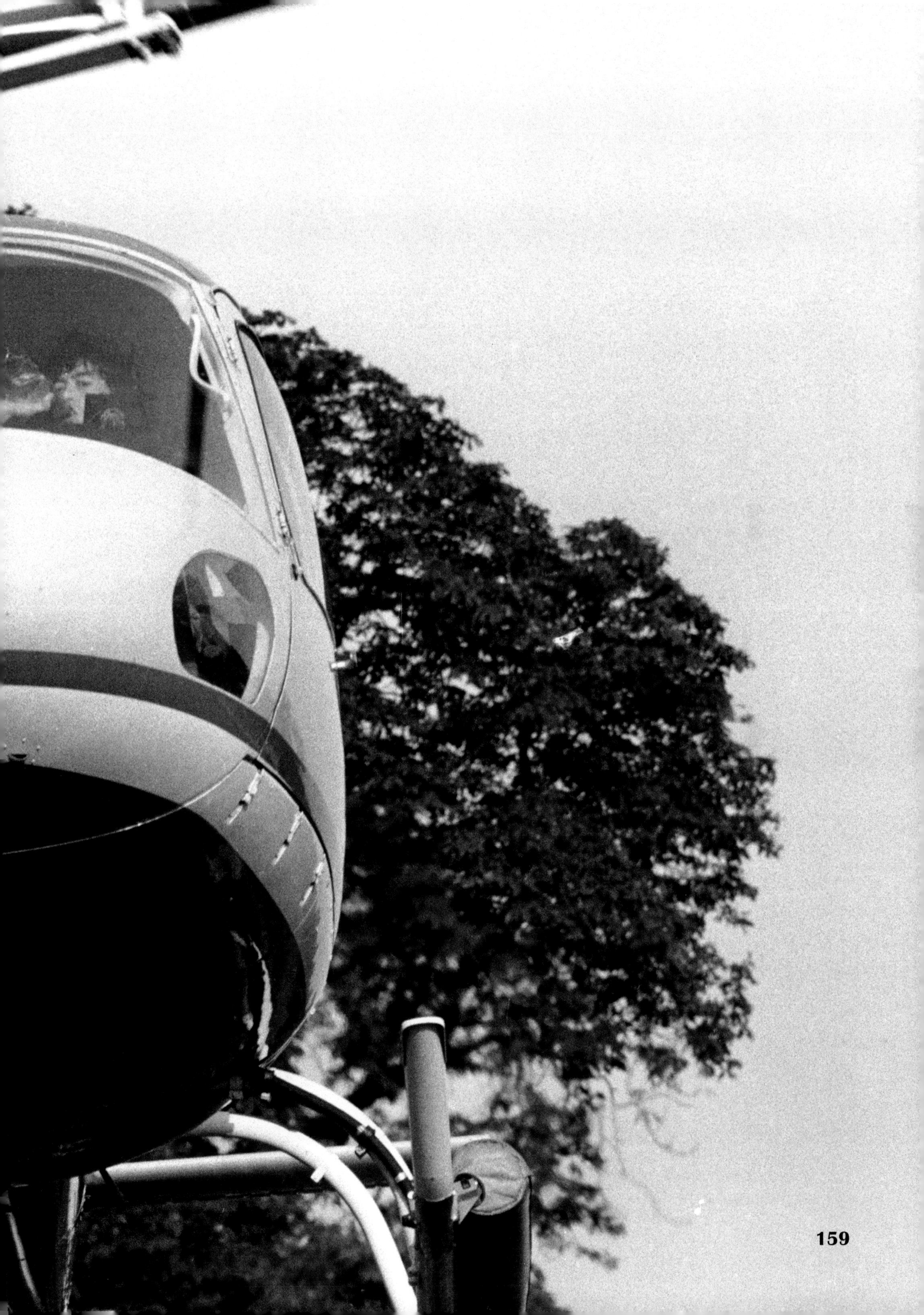

Festival de Knebworth, Inglaterra
4 de agosto de 1979

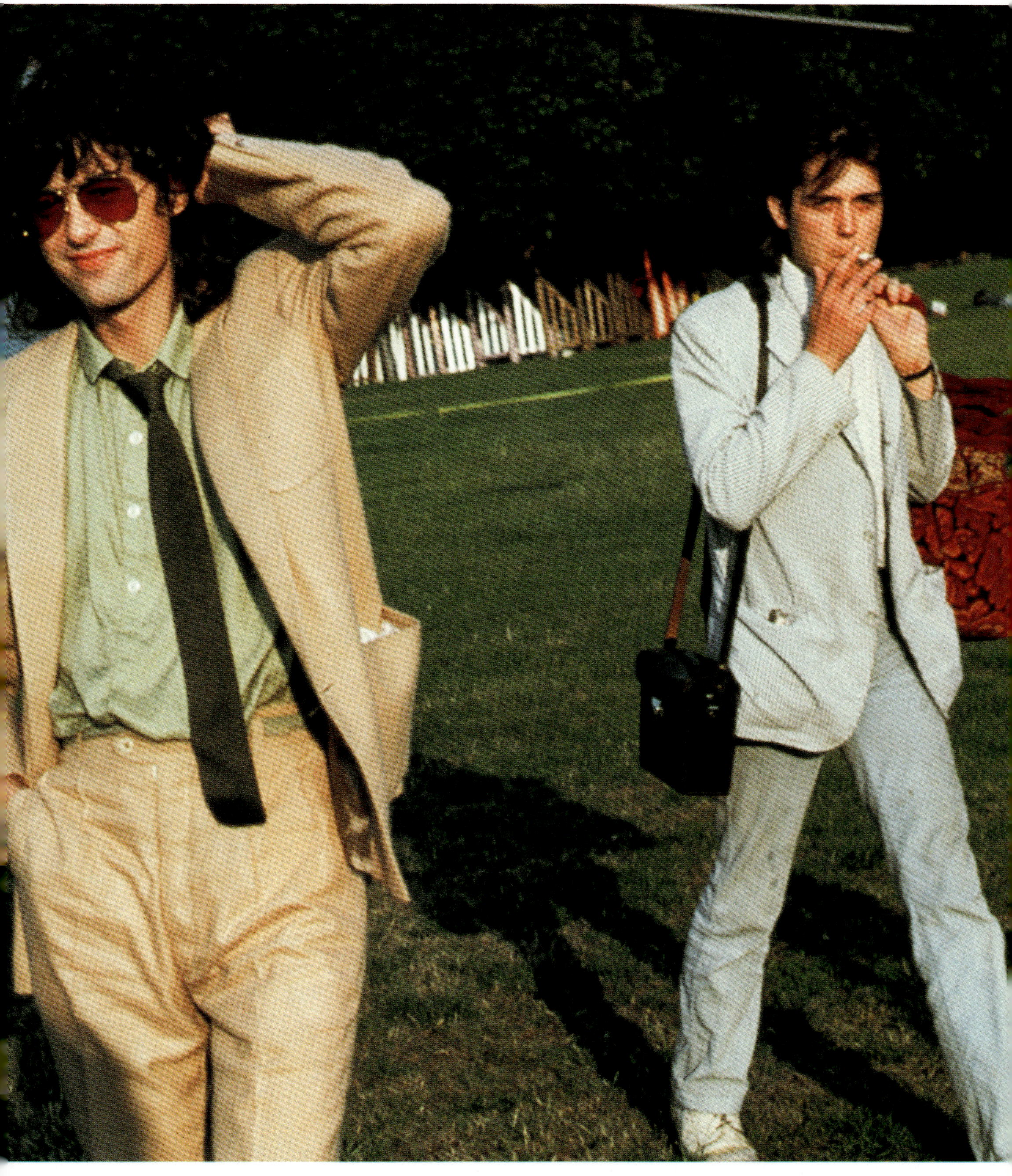

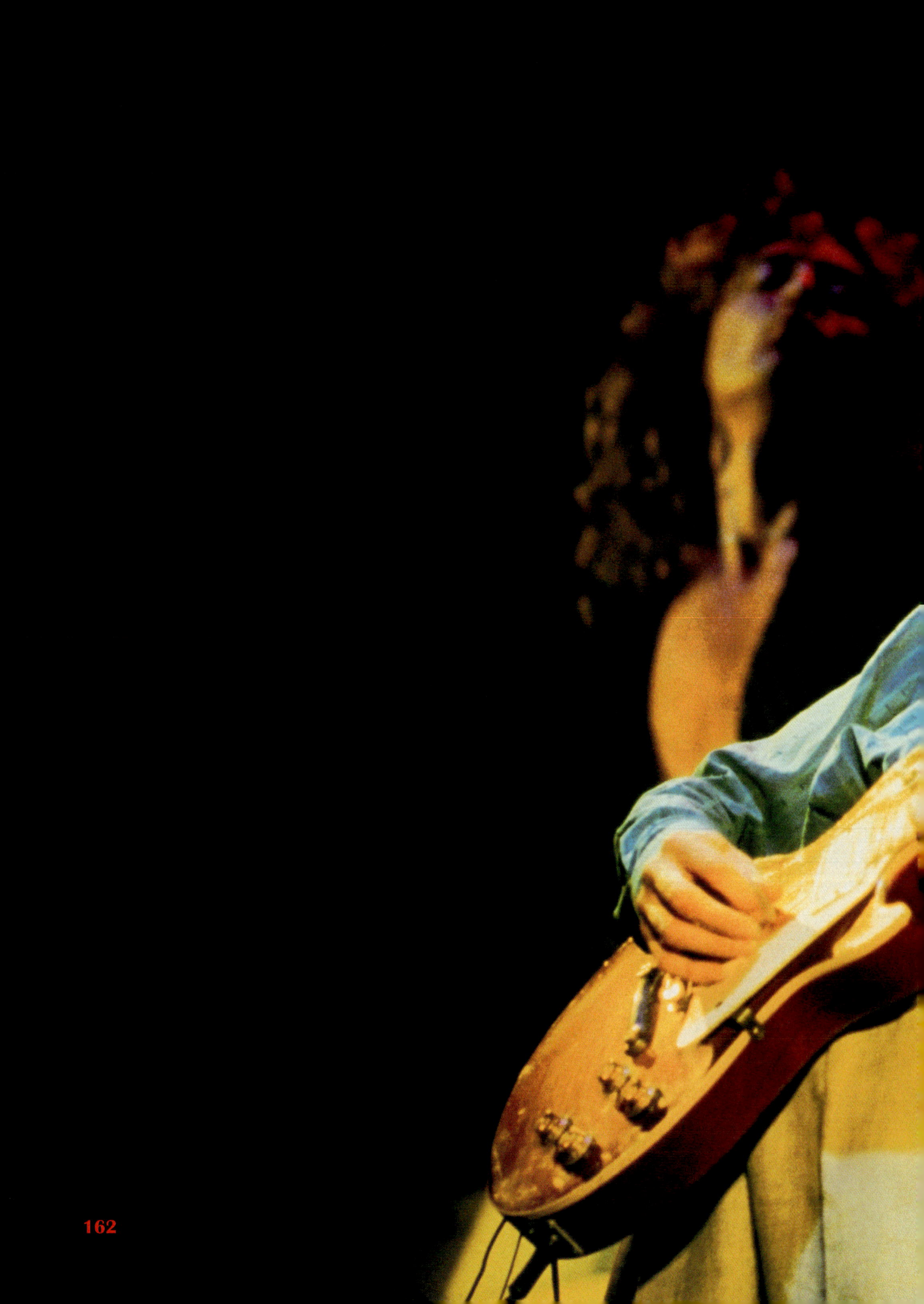

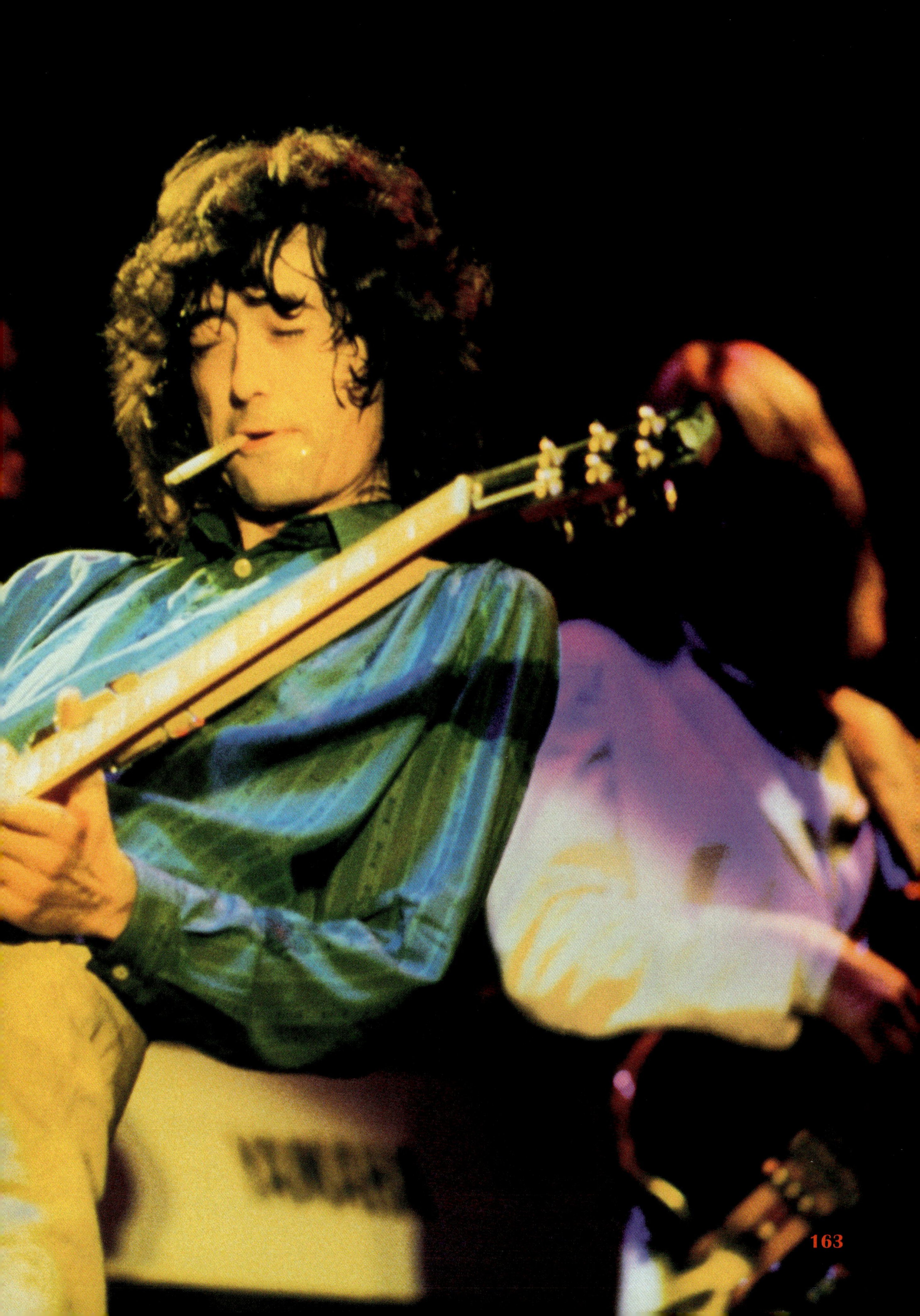

Robert Plant com a filha Carmen nos bastidores do Festival de Knebworth
4 de agosto de 1979

Peter Grant, Robert Plant e John Paul Jones nos bastidores do Festival de Knebworth
4 de agosto de 1979

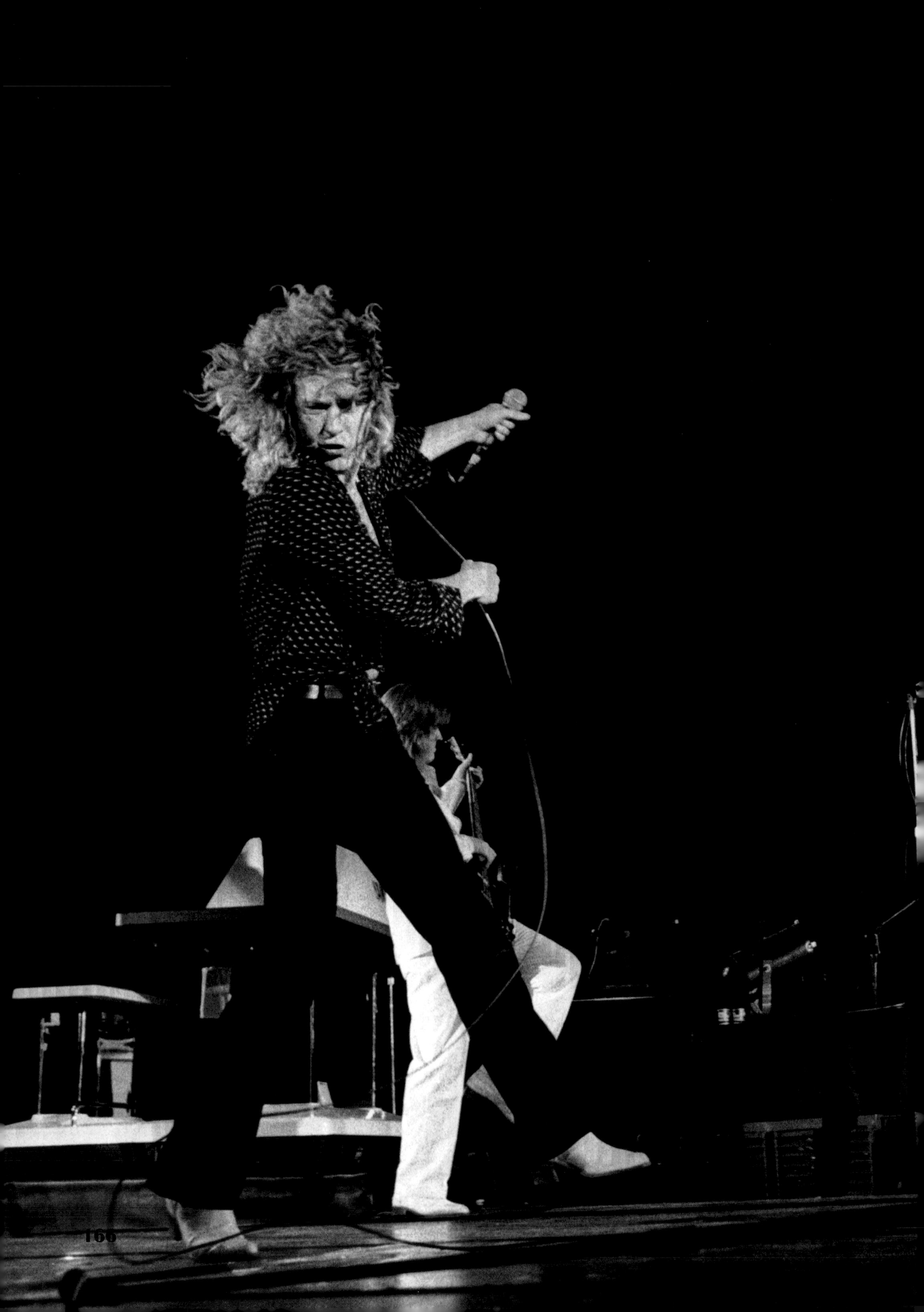

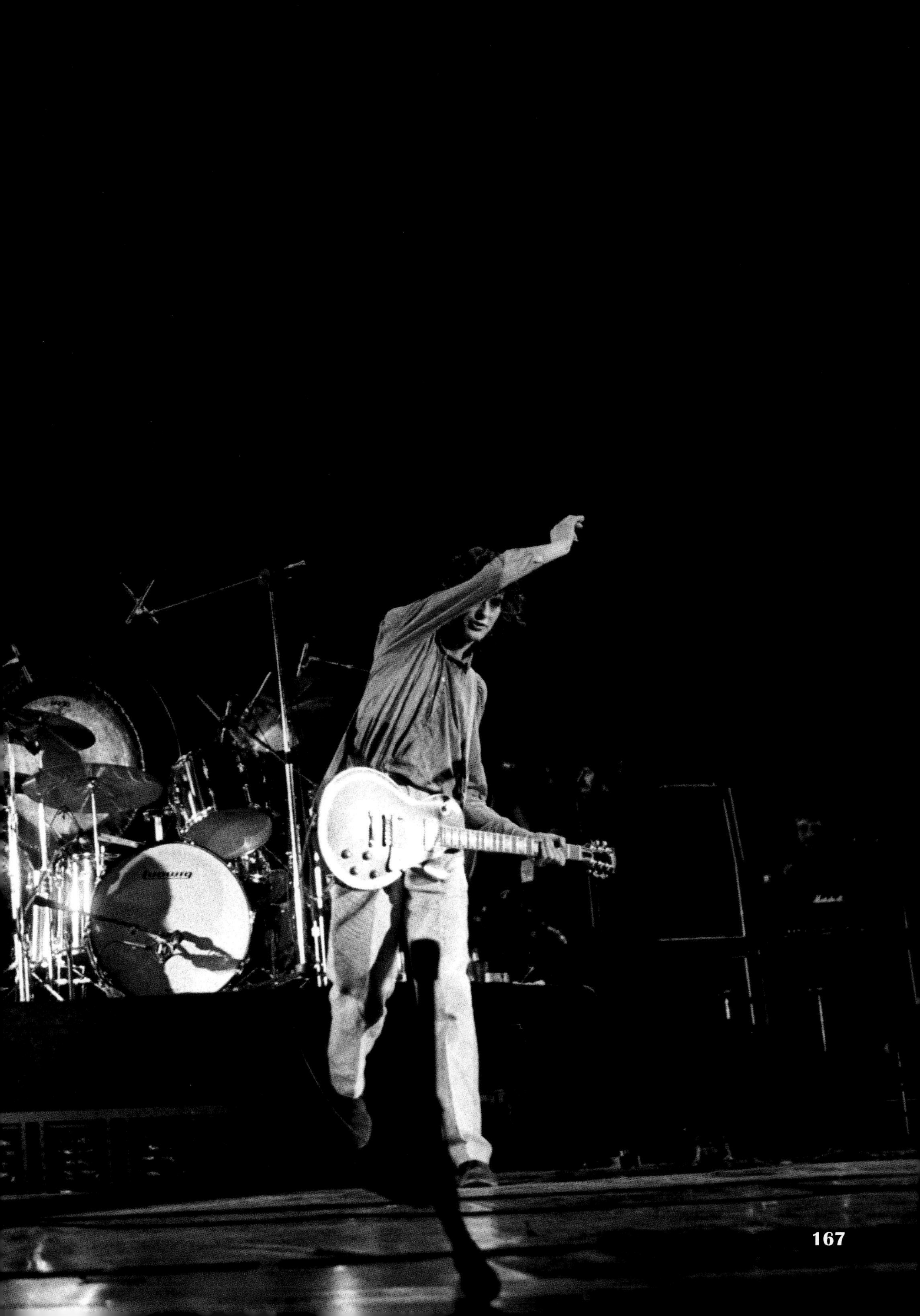

→ 6A →7 →7A →8 →8A

→12A →13 →13A →14 →14A

→18A →19 →19A →20 →20A

9
→9A
→10
→10A
→11
→11A
KODAK SAFETY FILM 5063
→15
→15A
→16
→17
→17A
KODAK SAFETY FILM 5063
KODAK SAFETY FILM 5063
→22A
→23
→23A
KODAK SAFETY FILM 5063

170

CYNTHIA: Vamos falar sobre a foto da *avant-première* do filme. Este é o Fox Theater em Los Angeles... uma bela foto.

NEAL: Eu estava trabalhando para o Led Zeppelin e eles pararam no lugar certo e lá estava eu clicando tudo. *Esta é a única que você consegue ver todos os rostos*. Eu sempre gostava das roupas que Jimmy estava usando... o paletó listrado e a camisa havaiana. É um estilo muito legal.

Estreia do filme *The Song Remains The Same*,
Fox Theatre, Los Angeles
21 de outubro de 1976

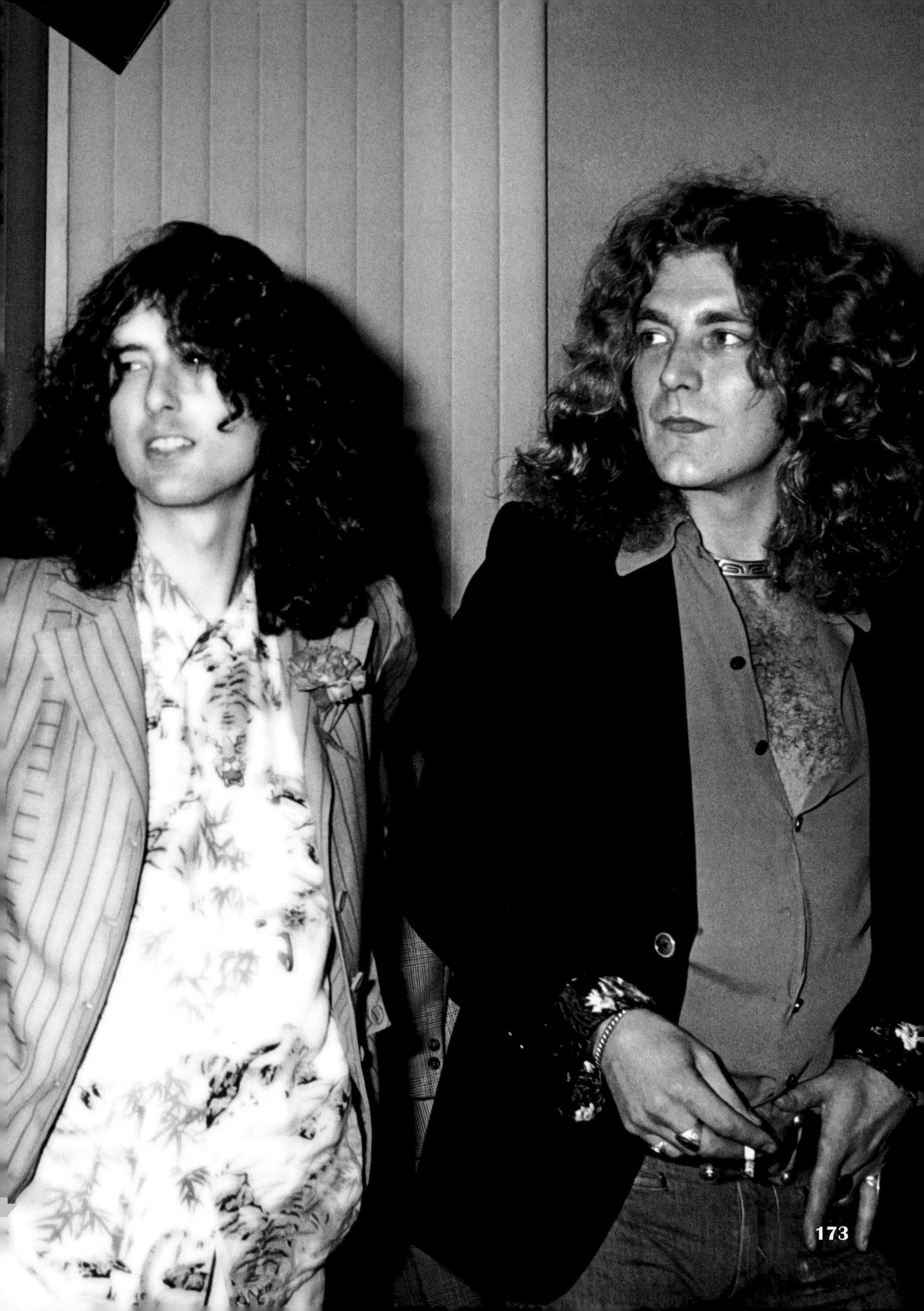

CYNTHIA: Você pegou umas fotos dele muito feliz no palco.

NEAL: Sim, melhor do que pegá-lo totalmente bêbado, pronto para te dar um soco. Ele costumava fazer coisas do tipo, tirar os óculos das pessoas, óculos caros que você precisava para ler e trabalhar, ele simplesmente vinha até você depois de beber muito, arrancá-los do seu rosto, jogá-los no chão e depois pisar em cima. Do mesmo jeito que um noivo quebra o copo em um casamento judeu! Eu o vi fazer isso algumas vezes.

Olympia Stadium, Detroit
31 de janeiro de 1975

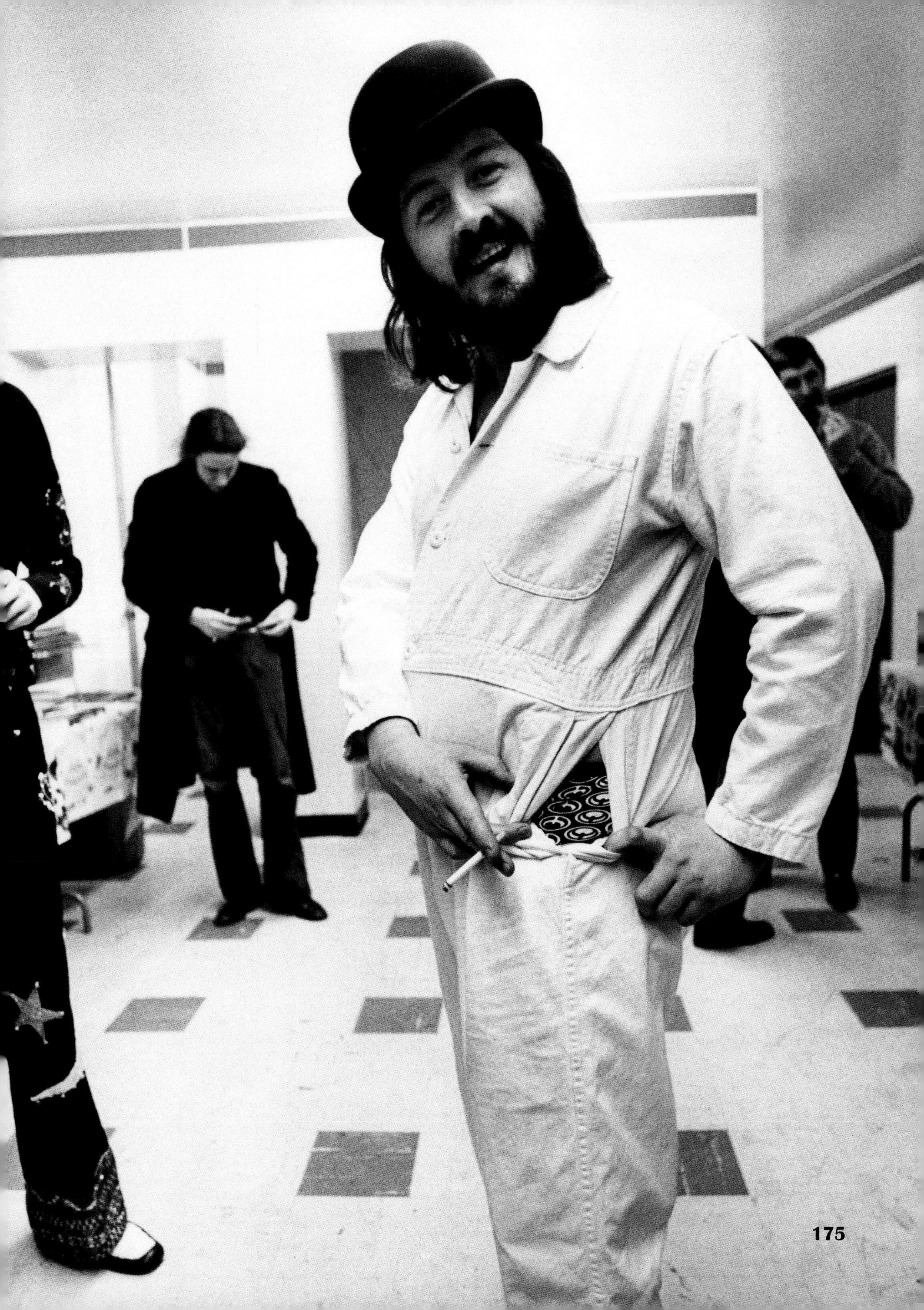

176

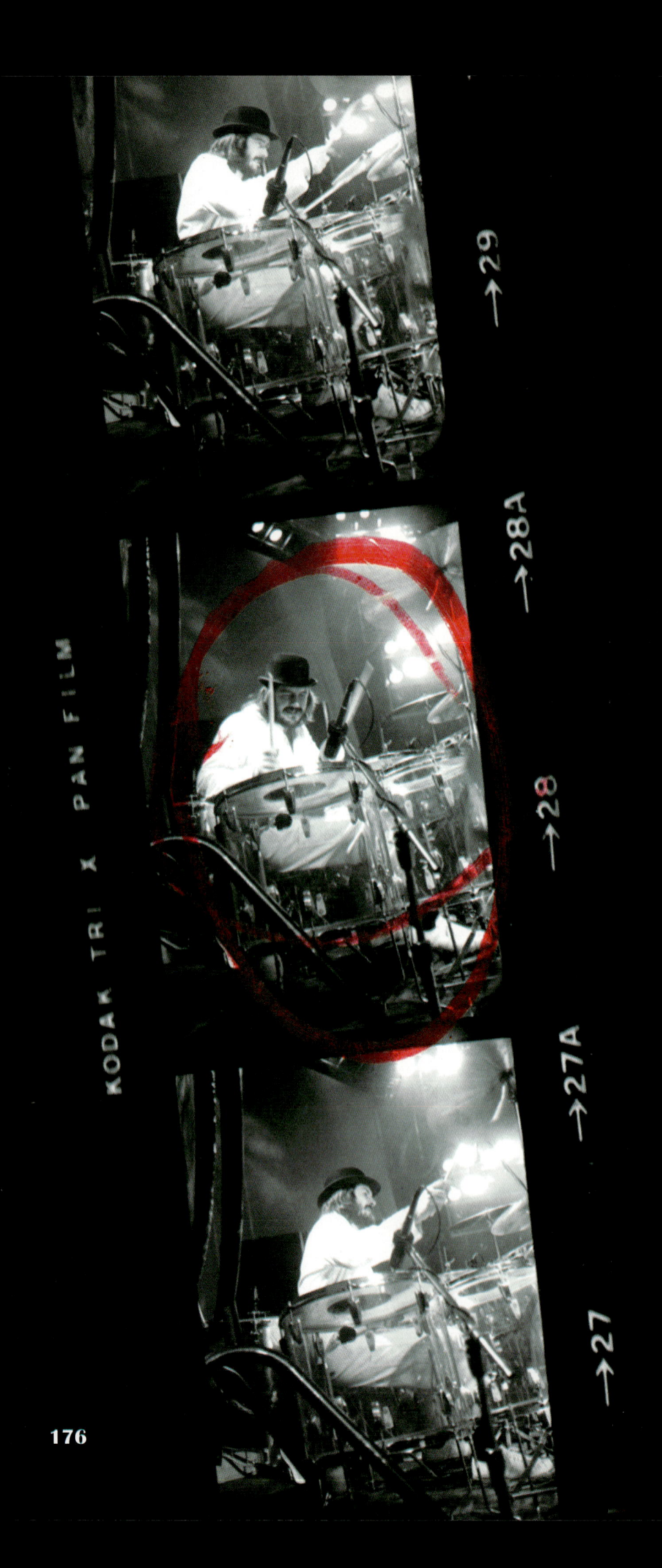

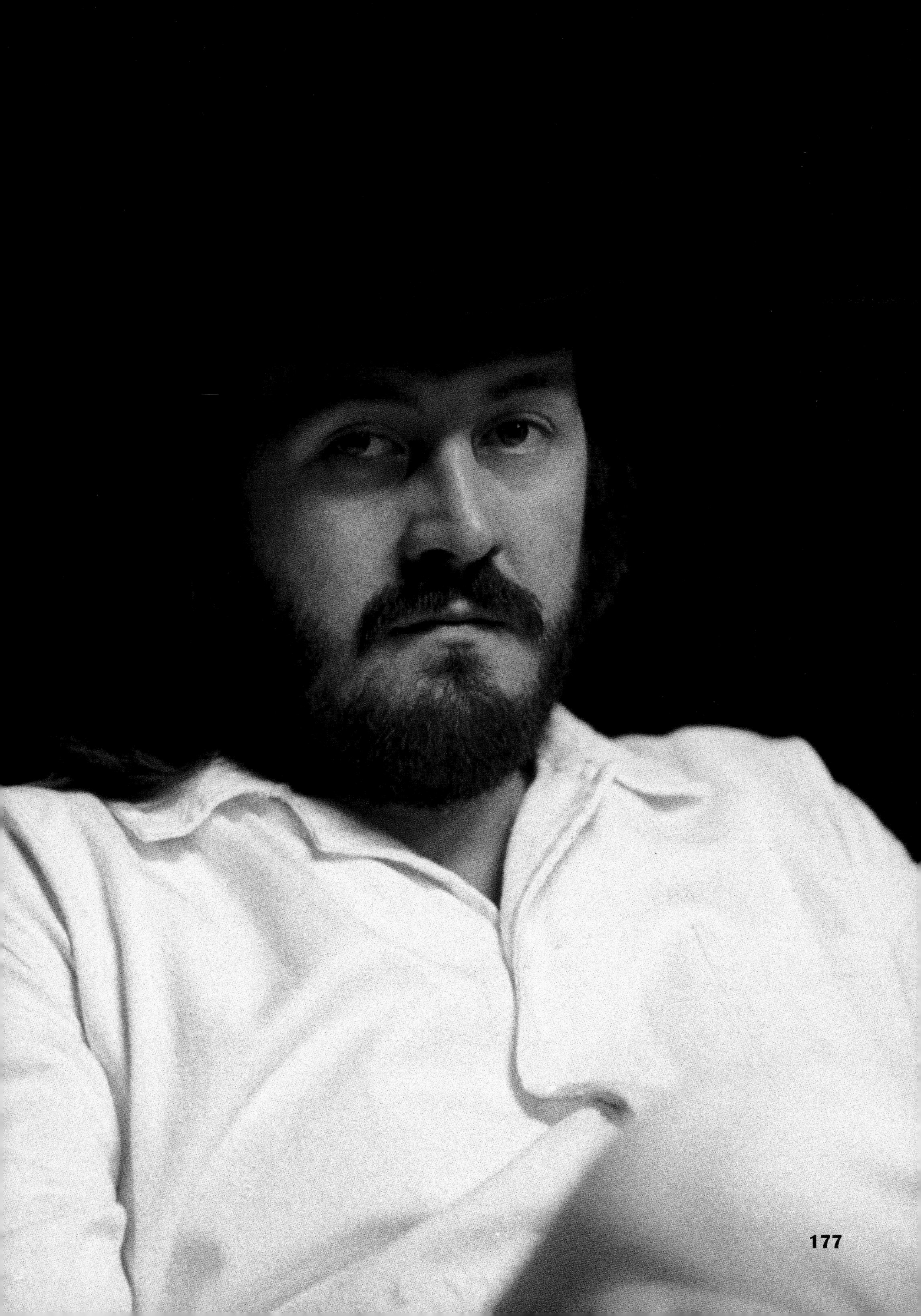

Chicago Stadium
21 de janeiro de 1975

CYNTHIA: Não tivemos muito que falar sobre o John Paul Jones. Você incluiu umas fotos dele que são muito boas.

NEAL: Bem, eu não cheguei a conhecer bem o Jonesy até a turnê de 1977. Passamos muito tempo juntos durante a turnê de 1977. Um dos motivos foi que o Bonzo havia destruído meu quarto no hotel *Swingo* uma noite, o mesmo *Swingo* da música *Almost Famous* – é um hotel de verdade.

Meu quarto de solteiro ficava ao lado da suíte de dois quartos do Jonesy e deixávamos todas as portas abertas, o que dava a impressão de se tratar de uma grande suíte com três ambientes. Bonzo se meteu lá dentro e achou que Jonesy tinha uma suíte de três quartos enquanto que os outros membros da banda tinham suítes com apenas dois. Então ele resolveu destruir o terceiro quarto, que era exatamente o meu. Ele quebrou praticamente tudo. Havia comida espalhada por todo canto, bandejas do serviço de quarto jogadas na cama e no carpete, cortinas arrancadas da parede, abajures atirados ao chão e muito mais, tudo no quarto do hotel foi quebrado aos pedaços. Consegui salvar as coisas mais importantes e Jonesy deixou que eu dormisse no seu sofá nos dois dias seguintes. Foi também na época em que estávamos em Cleveland que saiu o álbum *The Beatles Live At Hollywood Bowl*. Shelly Stiles era uma das DJs da rádio WMMS e namorada do Danny Markus na época, e ela costumava sair com a gente em Cleveland. Nós ligávamos para a rádio quando ela estava no ar e pedíamos a ela para tocar *The Beatles Live At Hollywood Bowl*.

E acho que fizemos isso pelo menos uma dúzia de vezes. Jonesy ligava para ela do hotel e eu ligava da rua todos os dias, sempre que ela estava no ar. Ligamos constantemente para ela durante dias. Ela adorava quando a gente ligava e sempre atendia aos nossos pedidos! Foi nessa época que eu o conheci melhor. Ele é um cara muito legal. Jonesy era uma pessoa muito agradável e com um senso de humor bem sutil. Ele tinha consciência de que jamais seria o foco visual do Led Zeppelin e já estava acostumado com o fato dos fotógrafos não darem tanta atenção a ele, quanto davam aos outros dois membros mais evidentes. Tínhamos sempre uma piada na ponta da língua... ele apostou comigo que eu não conseguiria tirar fotos suficientes dele a ponto de poder gostar de uma, porque ele nunca gostava das fotos dele no palco... é claro, eu encarei isso como um desafio pessoal.

CYNTHIA: Ele gostou de alguma?

NEAL: Ganhei a aposta com facilidade! Ele é um cara muito legal e continuamos em contato por algum tempo depois que o Led Zeppelin se dissolveu.

Chicago Stadium
1º de janeiro de 1975

Metropolitan Sports Center, Minneapolis
12 de abril de 1977

CYNTHIA: Você nunca chegou a se sentir como se estivesse o tempo todo de plantão enquanto estava na turnê? Sempre pronto, dia e noite?

NEAL: Claro, era isso mesmo. De qualquer forma não havia muito tempo para dormir, quero dizer, não dormia um mês inteiro. Eu precisava de outro mês para me recuperar. Conseguia dormir apenas duas horas por noite. Mais do que isso não seria apenas um luxo, mas uma fantasia, especialmente quando o laboratório não parava de enviar novas provas da noite anterior ao meio-dia, e eu tinha que estar sempre pronto para cuidar das minhas responsabilidades. Eu me lembro de uma noite em especial em que eu tinha acabado de ir dormir às quatro da manhã – cedo para os padrões da turnê do Led Zeppelin – e já estava entrando em um sono profundo, maravilhoso, incrível, até que de repente deram um chute violento na minha porta que dava para o quarto ao lado e, literalmente, alguém atravessou a bota pela porta, como em um desenho-animado da Disney em que você vê o contorno na bota fazendo um buraco na porta, derrubando-a no chão... e era o Robert, o Senhor Paz e Amor acabara de derrubar a minha porta. E ele me disse: "O Príncipe da Paz chegou! Você tem um baseado?" Ele sabia que eu sempre tinha um.

CYNTHIA: E toda essa história do Jack Daniels com o Jimmy? Aquela foto ficou muito famosa, aquela em que ele está entornando a garrafa.

NEAL: Ele levava uma garrafa de Jack com ele o tempo todo. Eu me lembro de estar sentado à mesa no camarim deles, e Jimmy estava sentado a minha esquerda. Eu estava conversando com alguém e, quando me virei para Jimmy, ele estava levantando a garrafa. Bati uma única foto, e não uma sequência de fotos com o motor da câmera ou coisa parecida. Eu ainda me lembro do momento exato, a lente que eu tinha na câmera, velocidade... tudo.

183

Market Square Garden, Indianapolis
25 de janeiro de 1975

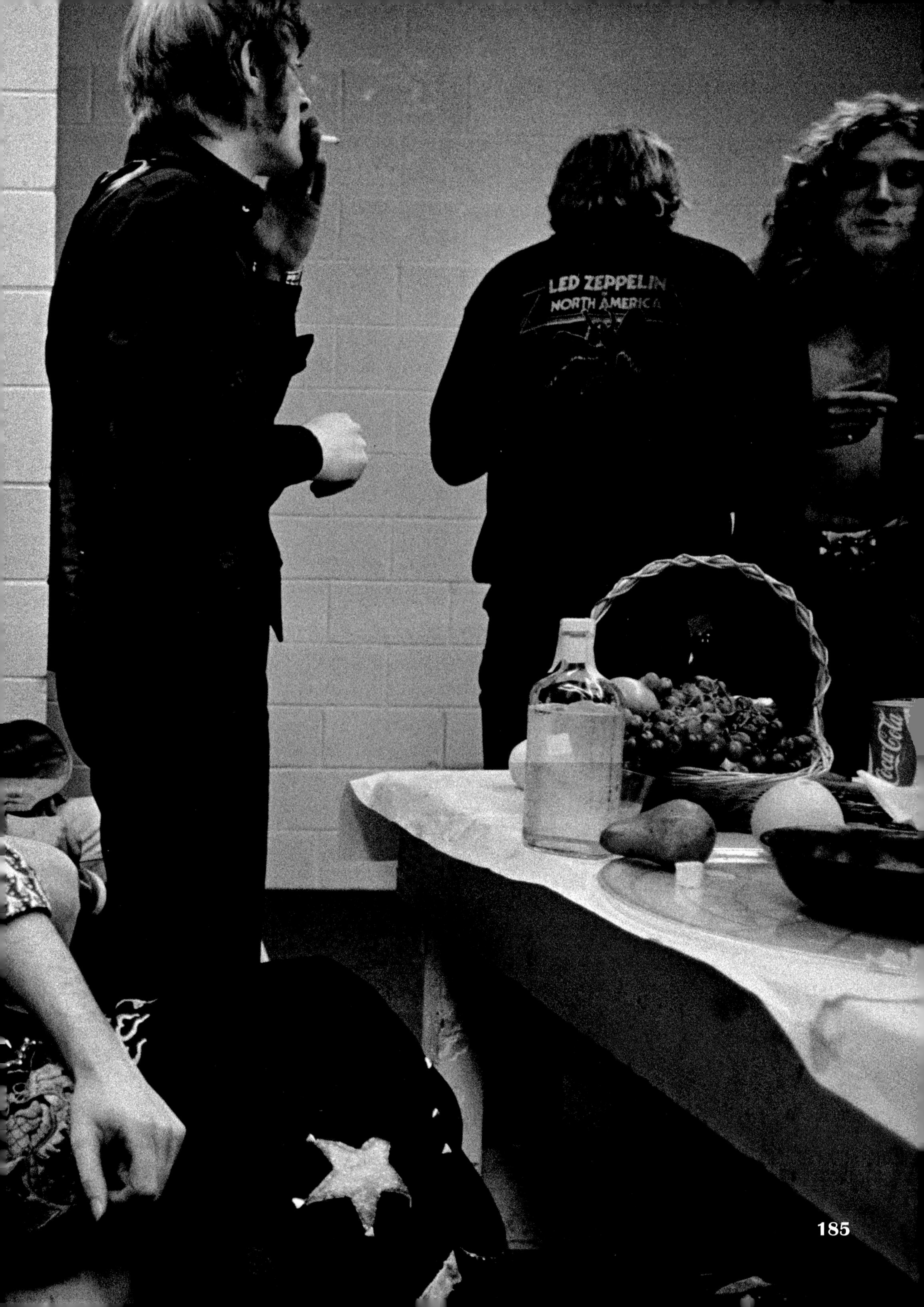
LED ZEPPELIN
NORTH AMERICA

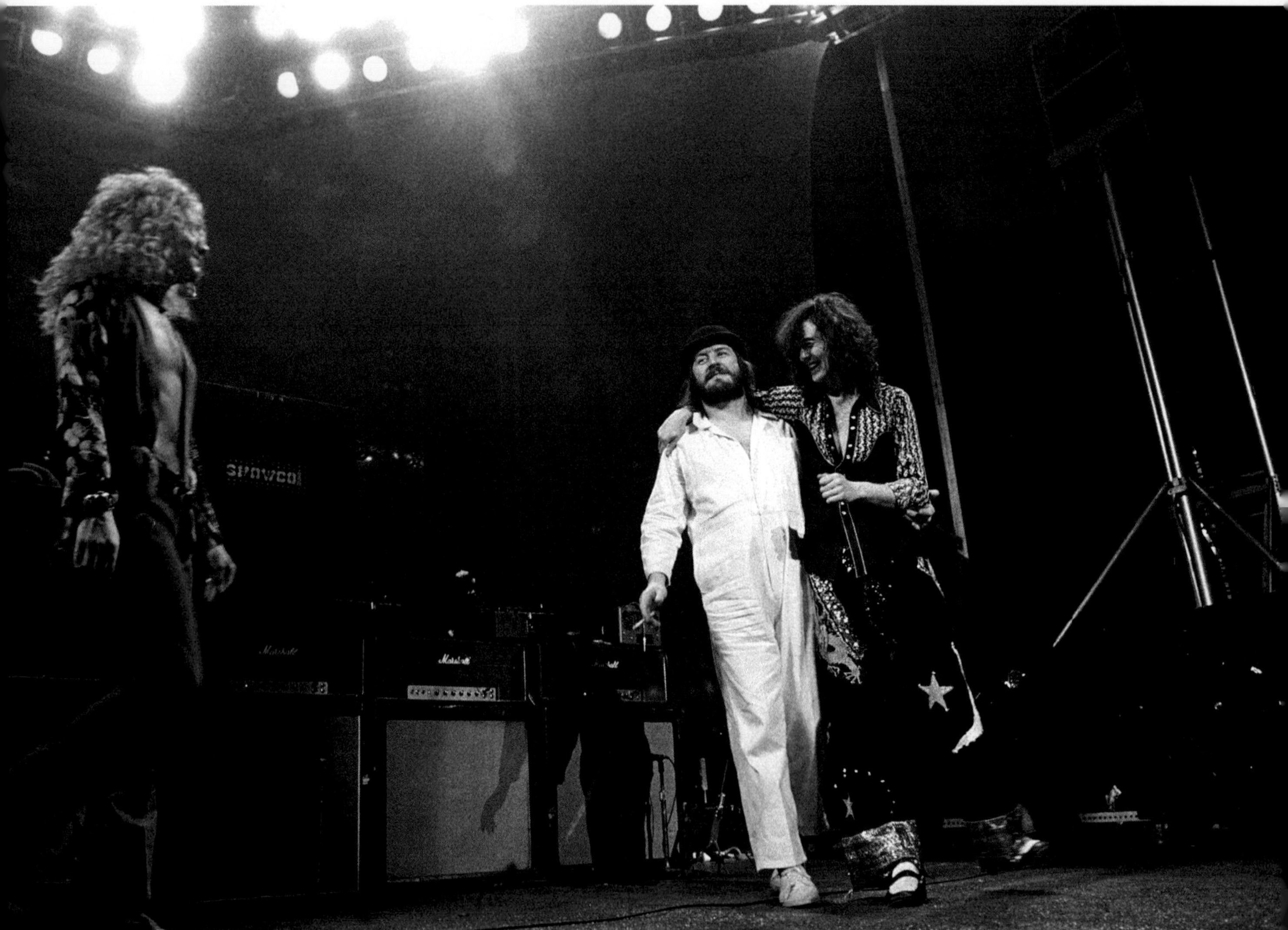

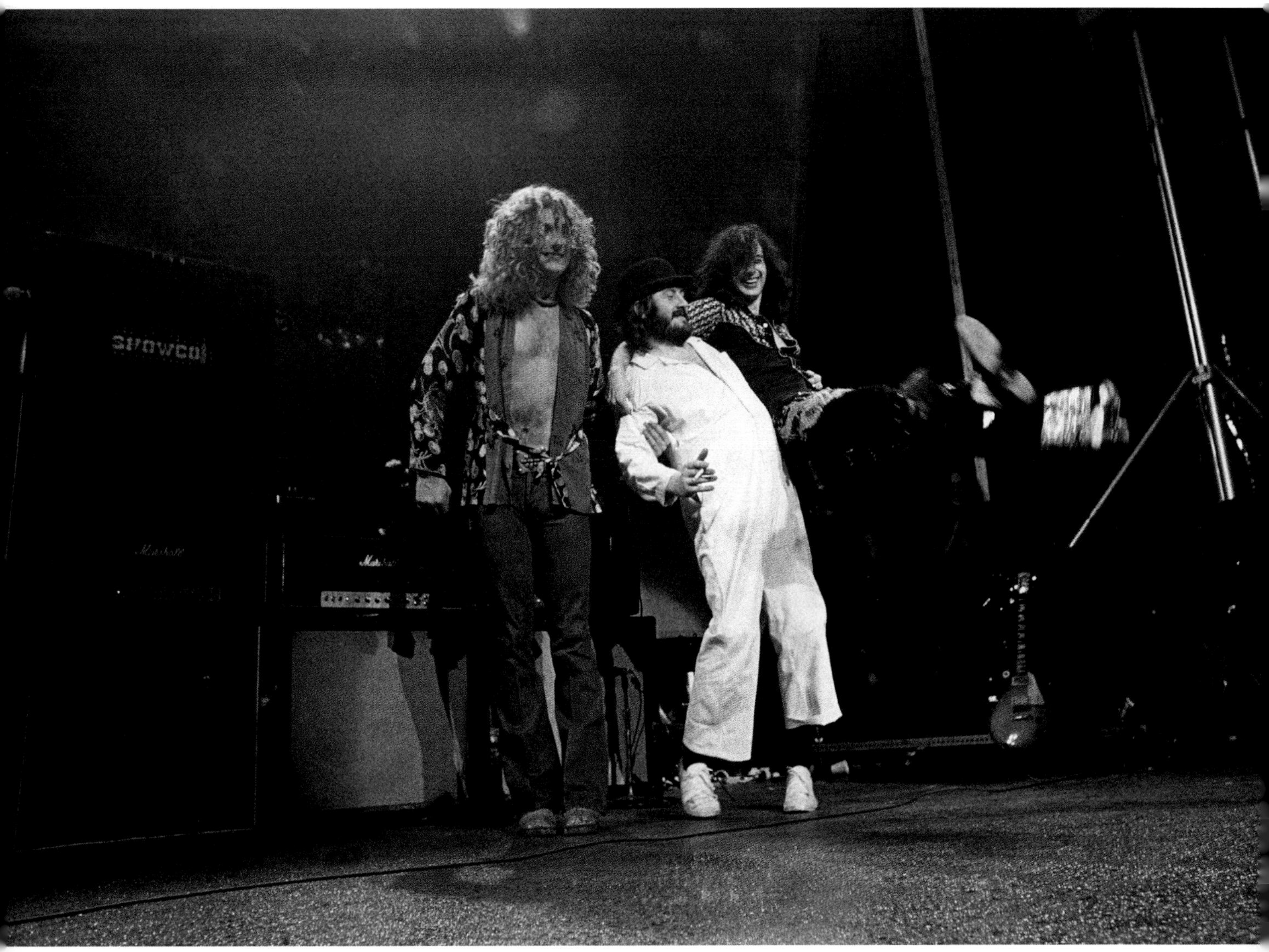

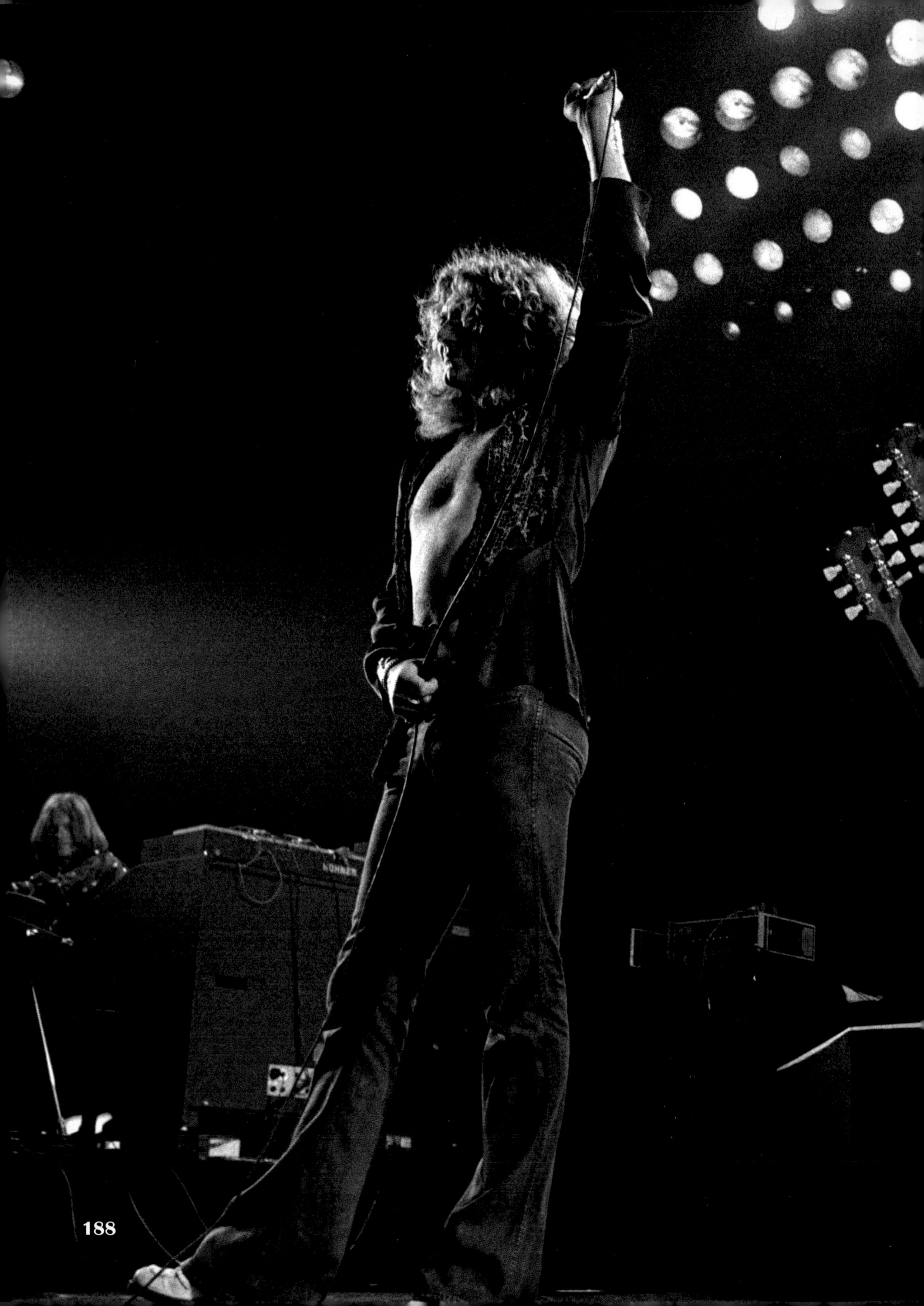

As turnes do Rock and Roll figuram entre os maiores esforços de colaboração, e qualquer lista realista "de agradecimentos" teria de incluir muito mais pessoas neste pequeno espaço que eu tenho aqui disponível. Quanto mais penso em quem devo agradecer, mais eu percebo que além do óbvio – a banda e sua equipe – a lista é virtualmente infinita. O pessoal da segurança, representantes locais da Nikon, gerentes de laboratórios de revelação que entregavam os filmes processados – em prazos apertadíssimos. Rosemary de Chicago... eles e muitas outras pessoas merecem que eu tire o chapéu a elas.

As seguintes pessoas terão sempre a minha gratidão e o meu agradecimento:

Richard Cole, Dave Brolan, Danny Goldberg, Mitchell Fox, Janine Safer, Lesley Zimmerman, Stevie Nicks, Cameron Crowe, Kimberly Sharp, Cynthia Fox e Daniel Markus.
Para G – saudades de você. Obrigado pelo trabalho mais importante da minha vida. E você tinha razão, é POSSÍVEL relevar fotos no domingo à tarde em Detroit.

Todas as fotografias ©Neal Preston
Para mais informações sobre as impressões de Neal Preston para exibição de arte:
www.prestonpictures.com
www.brittonfineart.com
www.morrrisonhotelgallery.com

O autor, por meio desta, declara o seu direito de ser identificado como o autor desta obra, em conformidade com as Seções 77 e 78 de Copyright, Designs, and Patents Act 1988.

Um registro do catálogo deste livro está disponível na British Library.

Cynthia Fox é uma renomada celebridade do rádio e da televisão em Los Angeles por mais de 20 anos. Conduziu entrevistas exclusivas e detalhadas com as figuras mais influentes e simbólicas do cenário da música rock, tais como Brian May, Pete Townshend, David Gilmour, The Edge, Bob Geldof, Don Henley, Lou Reed, entre muitos outros. Dona de uma das vozes mais conhecidas do mercado radiofônico no sul da Califórnia, Cynthia Fox trabalha atualmente como locutora durante o dia na estação de rádio de Los Angeles, Classic Rock Station 95.5 KLOS-FM, transmitida no mundo todo por meio do site 955KLOS.com.

191